QUELQUES MOTS

SUR

LA CAVALERIE FRANÇAISE

ET SUR

LES HABITUDES DU CAVALIER ARABE

PAR

JEAN-JACQUES NAULOT,

Chevalier de la Légion d'honneur,

Capitaine commandant au 3ᵉ régiment de spahis.

PARIS

LIBRAIRIE MILITAIRE

J. DUMAINE, LIBRAIRE-ÉDITEUR DE L'EMPEREUR,

Rue et passage Dauphine, 30.

1860

QUELQUES MOTS

SUR

LA CAVALERIE FRANÇAISE.

Impr. Cosse et J. Dumaine, r. Christine. 2.

sur

LA CAVALERIE FRANÇAISE

et sur

LES HABITUDES DU CAVALIER ARABE

PAR

Jean-Jacques NAULOT,

Chevalier de la Légion d'honneur,

Capitaine commandant au 3ᵉ régiment de spahis.

———————◦————————

PARIS

LIBRAIRIE MILITAIRE

J. DUMAINE, LIBRAIRE-ÉDITEUR DE L'EMPEREUR,

Rue et passage Dauphine, 30.

—

1860

TABLE DES MATIÈRES.

PRÉFACE.

Ayant eu l'honneur de prendre part à plusieurs expéditions dans le sud de l'Algérie et dans la Kabylie,
comme capitaine commandant d'un escadron de spahis, j'ai vu de près les Arabes et leurs chevaux, et j'ai
été mis à même d'établir des comparaisons entre les
usages adoptés par la cavalerie française et ceux que
suivent les cavaliers arabes, ces dignes successeurs
des Numides.

Je vais essayer de faire voir, ce que du reste la raison
et l'expérience tendent à prouver, que les cavaliers
arabes comprennent beaucoup mieux que la plupart
de nos *hippomanes* la manière de rendre le cheval
propre aux fatigues de la guerre et d'en tirer tout le
parti possible.

J'ajouterai quelques mots sur la ferrure et le harnachement des chevaux, sur l'équipement, l'habille-
ment et l'armement des cavaliers, et aussi sur le bien-
être que la création des fermes régimentaires est appelée à leur procurer.

QUELQUES MOTS

SUR

LA CAVALERIE FRANÇAISE.

CHAPITRE PREMIER.

—

DES PROGRÈS DES DIFFÉRENTES ARMES.

Depuis un demi-siècle environ, toutes les armes ont fait d'immenses progrès; la cavalerie seule semble rester stationnaire et devenir aujourd'hui notablement inférieure aux autres armes, sur lesquelles elle eut jadis la supériorité.

L'équipement de l'infanterie a subi d'importantes modifications, et l'adoption des armes à longue portée est une heureuse innovation.

L'artillerie a diminué le nombre des calibres

des bouches à feu, a donné une plus longue portée aux pièces, et, par le perfectionnement de son matériel de campagne, est devenue plus mobile.

Les travaux gigantesques exécutés par le génie au siége de Sébastopol démontrent assez les progrès d'une arme qui a doté l'Algérie de voies de communication, de villes fortifiées, de casernes, d'hôpitaux, de magasins, et de tant d'autres établissements utiles.

Le train des équipages n'est pas resté en arrière, car les cacolets, les litières et les voitures-Masson attestent suffisamment que les officiers de ce corps cherchent, non sans succès, à apporter des perfectionnements dans le matériel de campagne.

Quels sont les progrès de la cavalerie [1]? A-t-elle gagné en vitesse en diminuant le

---

[1] Il est positif que l'équitation a fait de grands progrès dans ces derniers temps, mais les modifications apportées, soit dans l'hygiène du cheval de troupe et dans son harnachement, soit dans l'armement et l'équipement du cavalier, ne constituent pas des perfectionnements d'une utilité incontestable.

(Note de M. le chef d'escadron de Courtivron, mon
ancien capitaine commandant des spahis).

poids du harnachement, et en simplifiant l'é-
quipement du cavalier? Est-elle devenue enfin
une arme réellement mobile?

En fait d'innovations, la nouvelle selle de la
cavalerie légère est actuellement plus pesante
que l'ancienne (arçon hongrois, modèle 1829).

Quant aux cavaliers, ils ont beaucoup trop
de petits effets, et ne sont généralement pas
assez exercés à la vie des bivouacs et des
camps.

J'essayerai donc de faire ressortir ce qui est
susceptible de recevoir quelques améliorations,
et si les modifications que je présenterai étaient
jugées impossibles, j'aurai du moins la sa-
tisfaction d'avoir tenté quelque chose pour le
progrès d'une arme que j'aime, et qui fit autrefois la force et la gloire de la France.

CHAPITRE II.

—

DE LA CAVALERIE EN CAMPAGNE ET EN GARNISON.

En campagne, la cavalerie, et surtout la cavalerie légère, est appelée à faire des reconnaissances lointaines, à éclairer la marche des corps d'armée, et à envoyer partout, avec célérité, des tirailleurs et des flanqueurs.

Outre la charge en ligne et en colonne, elle fournit la charge en fourrageurs ; il faut donc à cette cavalerie des chevaux *vites*, entraînés et habitués à courir sur les terrains les plus accidentés.

Il est indispensable que les chevaux soient amenés par une hygiène rationnelle à supporter les intempéries des saisons et les fatigues de la guerre [1].

Quant aux cavaliers, il est de toute nécessité qu'ils sachent conduire leurs chevaux *isolément* et aux allures les plus vives.

En jetant un coup d'œil sur les us et coutumes qui existent dans les régiments de cavalerie française, il sera facile de voir quelles sont les modifications qu'on peut y introduire et qui doivent paraître nécessaires, *surtout depuis la guerre d'Orient.*

Je parlerai d'abord du cheval que beaucoup de cavaliers regardent comme une machine destinée à les porter, tandis qu'ils devraient le considérer comme un *nséparable compagnon* appelé peut-être un jour à leur sauver la vie.

En garnison, les chevaux n'étant plus entassés

---

[1] Lorsque l'on compare la position de la vie en campagne de la cavalerie à celle de la même arme en garnison, on est frappé de l'immense changement apporté dans les habitudes du cheval, changement trop brusque qui doit nécessairement altérer sa constitution, quelque robuste qu'elle soit.

Note de M. le chef d'escadrons de Courtivron.

comme autrefois dans des écuries privées d'air, il y a moins de cas de morve, ce qui est un immense progrès.

Je ne suis point partisan des soins exagérés que l'on prodigue aujourd'hui aux chevaux de troupe, qui sont en général m eux pansés et moins fatigués que la plupart des coursiers de luxe les plus chers et les plus délicats.

Pendant l'été, le soleil ne pénètre jamais dans les écuries régimentaires, et les chevaux se reposent mollement sur une litière abondante de la légère fatigue des manœuvres. Deux longs pansages par jour donnent à leur poil un lustre remarquable.

Durant l'hiver, les portes et les fenêtres des écuries sont soigneusement fermées, et on veille attentivement à ce qu'il y règne toujours une température élevée.

Lorsqu'il y a un peu de brouillard, on met des couvertures sur le dos des chevaux pour les conduire à l'abreuvoir ou à la promenade. Quand il pleut, on les fait boire à l'écurie en saupoudrant légèrement l'eau d'une couche de farine d'orge ou de son, pour les engager à vider le baquet que leur présente un cavalier.

Si le cheval mange avec un peu moins d'appétit que de coutume, un officier ou un sous-officier s'empresse de le faire conduire à la visite du vétérinaire de semaine. En un mot, rien n'est négligé pour lui conserver la santé, et surtout l'embonpoint.

En résumé, on s'attache particulièrement dans la cavalerie à avoir des chevaux gros dont le poil court et brillant témoigne des soins assidus qui leur sont prodigués sans cesse.

Les trop grandes précautions que l'on prend pour conserver en santé le cheval de troupe, ne servent qu'à lui faire perdre de sa *rusticité*, en le privant des deux choses les plus indispensables à sa santé, le grand air et les longues courses.

En garnison, il contracte des habitudes de paresse et de bien-être qu'il est obligé de perdre subitement en campagne; alors il dépérit, tombe malade, et devient un embarras pour l'armée dont il devait servir à éclairer les mouvements et partager les fatigues et la gloire.

CHAPITRE III.

—

DES ÉCURIES.

Depuis quelques années, on construit de belles écuries, dont les fenêtres nombreuses et bien disposées permettent l'aération constante; mais elles sont trop souvent fermées sous le prétexte spécieux d'éviter les courants d'air.

Dans plusieurs régiments, on ouvre à peine quelques fenêtres pendant les journées d'hiver, et la nuit elles sont toutes soigneusement fermées. Le matin, avant le réveil, lorsqu'on entre dans une écurie, la chaleur est telle qu'on pourrait se croire dans une étuve, et, de plus, l'air y est chargé d'émanations putrides.

Quelle mauvaise influence un air aussi vicié et aussi chaud ne doit-il pas avoir sur la santé des chevaux contraints de le respirer chaque nuit! Il n'est pas rare d'en voir quelques-uns, le matin, dans un état de transpiration complète.

C'est en vain que l'on place une couverture sur chaque cheval pour le conduire à l'abreuvoir du matin, l'air froid de l'extérieur le saisit et lui occasionne parfois de graves maladies.

Il est facile de faire boire le cheval à l'écurie, mais il faut bien qu'il en sorte pour la promenade et l'instruction des cavaliers de troisième classe.

Pendant l'hiver, quoique les promenades soient faites d'habitude à onze heures du matin, il n'en existe pas moins une très-grande différence entre la température élevée des écuries et l'air froid de l'extérieur.

Laissons donc les fenêtres des écuries constamment ouvertes, afin que le cheval de troupe puisse respirer un air pur et ressentir l'influence des variations atmosphériques auxquelles, au bout de quelque temps, il s'habituera sans danger, surtout si l'on a soin de le faire travailler à une allure modérée une demi-heure avant le retour des manœuvres et des promenades.

Les fenêtres des écuries que l'on construit aujourd'hui sont, pour la plupart, à une hauteur rationnelle ; les courants d'air s'établissent donc au-dessus des chevaux et ne peuvent être que favorables à leur santé.

Il serait facile et peu coûteux d'élever les fenêtres qui sont placées trop bas dans plusieurs écuries de nos anciens quartiers de cavalerie.

En Algérie, les chevaux de troupe n'étaient abrités, il y a quelques années, que par des hangars, et les cas de morve et de maladies internes étaient assez rares. Aujourd'hui, dans les trois provinces, on construit de superbes écuries, qui non-seulement coûtent fort cher, mais encore privent les chevaux indigènes des bienfaits du grand air auquel ils étaient habitués.

Il est certain que des hangars conviennent mieux que des écuries à la santé du cheval *barbe*, et qu'ils pourraient facilement suppléer, dans le midi de la France, à ces dernières, dont la construction et l'entretien sont toujours si coûteux.

Les cavaliers arabes attachent en plein air leurs chevaux devant leurs tentes : quand il fait froid, ils les couvrent d'un *Djellâle* qui garantit tout le corps, la poitrine et la croupe. Les Arabes ne font entrer leurs chevaux dans leurs tentes que très-rarement, lorsqu'il tombe des pluies torrentielles. Ces chevaux étant constamment soumis au contact de l'air extérieur n'éprouvent, en campagne, aucune perturbation sensible dans leur hygiène ; aussi supportent-ils de longues et pénibles expéditions sans trop dépérir et sans tomber malades.

CHAPITRE IV.

—

Afin de procurer aux chevaux les bienfaits d'un air pur, on devrait, chaque année, les placer dans un camp pendant deux ou trois mois de la belle saison.

Dans plusieurs garnisons de cavalerie, le terrain de manœuvre n'est situé qu'à un ou deux kilomètres au plus du quartier ; il serait donc facile d'y établir un camp, si dans chaque ré-

---

[1] Je préviens le capitaine Naulot que sur cent officiers de cavalerie, quatre-vingt-dix-huit au moins trouveront que son idée sur le campement des chevaux en France serait très-mauvaise, quoique je *pense comme lui que la chose serait très-utile.*

Observation d'un officier qui est resté plusieurs années en Algérie.

giment se trouvaient des cordes et des entraves pour attacher les chevaux au bivouac.

Un adjudant resterait constamment au camp qui serait placé sous la surveillance d'un adjudant-major.

Il s'y trouverait un poste de douze hommes de garde et un trompette, commandés par un sous-officier.

Chaque escadron fournirait huit gardes d'écuries et un brigadier pour les surveiller.

La forge de campagne et deux maréchaux ferrants seraient en permanence au camp. Les officiers de semaine y conduiraient chaque jour, pour le pansage du soir, les hommes de leur escadron respectif.

Le matin, l'avoine serait donnée par les gardes d'écurie et des hommes de corvée, sous la surveillance des officiers, des sous-officiers et des brigadiers de semaine.

Les jours de manœuvres, les cavaliers portant leur selle iraient à pied sur le terrain, conduits par les sous-officiers de peloton sous la direction du maréchal des logis en chef de leur escadron ; les hommes selleraient leurs chevaux,

puis, la manœuvre terminée, ils seraient recon-
duits dans le même ordre au quartier.

Les huit gardes d'écuries et quelques cavaliers de corvée, amenés par le brigadier de
semaine de chaque escadron, desselleraient à
l'heure indiquée, sous la surveillance de l'adjudant stationnaire au camp.

Les cavaliers emporteraient leur selle au retour du pansage du soir.

M. le chef d'escadrons et le capitaine de semaine se rendraient tous les jours au camp,
ainsi qu'un vétérinaire.

Le capitaine commandant et le capitaine en
second de chaque escadron alterneraient entre
eux pour visiter journellement les chevaux du
camp à l'heure du pansage.

Les repas des chevaux seraient donnés par
les huit gardes d'écurie, sous la surveillance des
sous-officiers et du brigadier de semaine, qui
seraient autorisés à monter à cheval pour se
rendre au camp; ces sous-officiers conserveraient leurs chevaux au quartier pendant toute
la durée de leur semaine.

Les chevaux des Arabes ne boivent d'habi-

tude qu'une fois par jour ; on ne devrait faire
boire qu'une seule fois les chevaux de troupe
français, qui finiraient par s'accoutumer à ce
régime de sobriété, si utile en campagne.

Pour réfuter ce système de faire camper les
chevaux, on pourrait objecter qu'il serait très-
pénible pour les cavaliers de porter leur selle
pendant une marche d'un ou deux kilomètres.
Je ferai remarquer que, dans les années 1840,
1841 et 1842, l'effectif des chevaux de troupe
étant très-fort dans les régiments de cavalerie, les écuries des quartiers se trouvaient in-
suffisantes dans beaucoup de localités, et l'on
était obligé d'en louer en ville ; et comme les
écuries un peu vastes ne sont construites en
général que dans les faubourgs, les cavaliers
étaient forcés d'aller panser et seller leurs
chevaux à une distance parfois de plus d'un
kilomètre. Ne pourrait-on faire, pendant deux
ou trois mois d'été, ce que l'on a pratiqué, il y
a quelque temps, pendant plusieurs années ?

Dans les garnisons dont le terrain de manœuvre est à plus de deux kilomètres du quartier, on pourrait, pendant la belle saison, faire
bivouaquer dans les cours deux escadrons de

chevaux. Au bout d'un mois, ils seraient remplacés par deux autres escadrons, et ainsi de
suite ; de cette façon tous les chevaux du régiment jouiraient à leur tour des bienfaits du
grand air.

Dans certains régiments, lors des fortes cha-
leurs, on fait sortir les chevaux des écuries à six
heures et demie ou sept heures du soir, on les
attache aux anneaux placés à l'extérieur des
bâtiments, et ils respirent l'air pur et frais pendant cinq ou six quarts d'heure.

En mettant les chevaux au camp pendant les
plus beaux mois de l'année, on ne ferait que
développer très-largement ce qui se fait actuellement en petit.

Si les nuits étaient fraîches il serait bon de
placer une couverture sur chaque cheval qui
serait au camp.

Les Arabes redoutent beaucoup pour leurs
chevaux la fraîcheur des nuits d'été, et ils les
couvrent soigneusement de *Djellâles*, espèces
de couvertures très-épaisses et très-fortes, fa-
briquées dans les tribus par les femmes arabes.

Empruntons aux cavaliers arabes ce qu'ils
ont de bon, et n'oublions pas que les soins qu'ils

donnent à leurs chevaux sont en général fort rationnels.

Chaque année, il serait utile de faire camper les hommes pendant quelques semaines, car les cavaliers sont ordinairement fort empruntés lorsqu'ils arrivent au bivouac pour la première fois.

Les camps d'instruction ont le double avantage d'instruire les troupes et de préparer les hommes et les chevaux à supporter les fatigues de la guerre ; mais les régiments de cavalerie ne sont appelés à en faire partie que successivement et à de longs intervalles. On ferait donc bien, à mon avis, d'habituer, dans chaque régiment, les hommes et les chevaux à la vie des bivouacs et des camps [1].

[1] Dans la guerre d'Orient, lors de l'hiver si rigoureux de 1854, sur le plateau de Sébastopol, il n'est pas démontré que ce soit la différence de race, entre anglais et arabes, qui ait été à l'avantage de ces derniers, dans la lutte qu'ils ont eu à subir de l'intempérie de la saison. L'habitude du grand air et du bivouac a certainement été pour beaucoup dans la balance, et justifierait ce que le capitaine Naulot avance dans ce livre.

(Note de M. le lieutenant-colonel de Noü, ex-lieutenant-
colonel du 3e régiment de spahis.)

CHAPITRE V.

—

INFLUENCE DE L'HYGIÈNE SUR LE TEMPÉRAMENT
DE CERTAINS CHEVAUX.

Le cheval à l'état de nature subit sans danger toutes les influences atmosphériques ; il
prend beaucoup d'exercice, il a le poil long et
fourni, et sa santé est très-robuste.

Le cheval barbe attaché devant la tente de
l'Arabe jouit pleinement des bienfaits du grand
air. Il partage la bonne et la mauvaise fortune
de son maître qui le regarde comme un ami,
mais un ami dont il use largement, car il ne lui
épargne ni les marches forcées ni les courses
rapides.

Le jeune cheval de la Camargue est presque
sauvage ; on le laisse errer en liberté sur un sol

pierreux ou dans des marais, il ne mange que ce qu'il trouve et cependant il est vif et robuste.

Jadis, dans le Nivernais et le Morvan, la plupart des chevaux passaient les nuits dehors, et lorsque le vent froid d'hiver soufflait avec violence, ils cherchaient un abri derrière une haie ou contre un mur; aussi les chevaux de ces contrées, habitués à toutes les variations atmosphériques, étaient-ils très-rustiques et très-durs à la fatigue.

Les chevaux des laboureurs, quoique généralement mal nourris et mal soignés, sont cependant encore moins souvent malades que nos chevaux de régiment; le grand air et l'exercice ne leur faisant pas défaut. Quant au pansage, il a peu d'action sur leur poil bourru qui sert à les préserver du froid et de l'intempérie des saisons. Ces chevaux, quoique travaillant beaucoup, durent, pour la plupart, plus longtemps que nos chevaux de troupe qui ne font en moyenne que 7 ans dans les corps.

Il faut, sur ce laps de temps, défalquer une année au moins, à cause des malades et de ceux qu'on ne monte pas encore parce qu'ils n'ont pas cinq ans révolus lorsqu'on les envoie au régiment. La cavalerie ne peut donc disposer au plus que des 6/7ᵉ de ses chevaux, ce qui constitue beaucoup trop de non-valeurs qu'on pourrait diminuer notablement.

En mettant le cheval dans de bonnes conditions d'hygiène, et en augmentant la durée de l'exercice, il deviendrait plus robuste et par conséquent moins sujet aux maladies.

En ne recevant dans les corps que des chevaux de cinq ans, *au moins*, ils pourraient être montés de suite.

CHAPITRE VI.

—

Au printemps, à une époque déterminée, on envoie au vert les chevaux auxquels ce régime est regardé comme salutaire.

En France, le vert se donne dans les écuries, sous des hangars ou en liberté; ce dernier mode doit être préféré, car il est le plus naturel; les chevaux prennent de l'exercice suivant leurs forces, choisissent les plantes qui leur conviennent et mangent selon leur appétit.

Le vert pris en liberté remédie parfois à la perte des aplombs, il diminue souvent les claudications et produit d'excellents résultats sur les chevaux échauffés par la nourriture sèche ou affaiblis par des maladies inflamma-

toires. Le vert facilite toujours le développement des poulains arrêtés dans leur croissance,
et réussit également bien aux chevaux adultes,
mais les exigences du service, et parfois aussi
le manque de prairies assez vastes, ne permettent que d'envoyer ceux pour lesquels ce régime est jugé indispensable.

Il est à présumer que la rosée du matin et
l'air extérieur ne sont point étrangers aux bienfaits du vert pris en liberté ; aussi ce mode de
régime offre-t-il de meilleurs résultats que
lorsqu'il est donné dans les écuries ou sous les
hangars.

Au printemps, la plupart des Arabes mettent
leurs chevaux au vert en liberté, quelques-uns
les entravent ou les attachent avec une longue
corde fixée à un piquet qu'on déplace plusieurs fois par jour.

Les Arabes des villes qui ne veulent point se
séparer de leurs chevaux, leur font donner du
vert sous le hangar qui les abrite.

Lorsque les chevaux sont au vert, beaucoup
de cavaliers arabes leur font manger une demi-ration d'orge afin d'atténuer les effets trop débilitants de ce régime.

CHAPITRE VII.

—

Les bains sont très-bienfaisants, surtout en été.

Dans les régiments de cavalerie, la baignade des chevaux a lieu une ou deux fois par semaine, pendant la belle saison.

Après une longue course, un bain fait le plus grand bien à un cheval fatigué, il peut en outre prévenir l'engorgement des extrémités.

Il serait à désirer que, dans chaque quartier de cavalerie, il y eût un bassin destiné au bain des chevaux.

Les bains de mer sont excellents pour les guérisons des plaies et des blessures ; en Afrique, beaucoup de cas de farcin sont guéris par ce seul moyen.

Lorsque le cavalier arabe en a la possibilité, il conduit une ou deux fois par jour son cheval au bain, il le lave et le frotte soigneusement avec la main ou un morceau d'étoffe grossière. Il n'y a que le froid rigoureux seul qui puisse l'empêcher de l'y conduire.

CHAPITRE VIII.

—

DU PANSAGE ET DE L'ABREUVOIR.

Le cheval subit habituellement deux longs pansages par jour, pendant lesquels on se sert beaucoup trop de l'étrille. Cet instrument est cependant plus nuisible qu'utile, car il active quelquefois trop les fonctions de la peau ; et lorsqu'il est neuf, non-seulement il tracasse, mais encore il fait éprouver de la douleur au cheval qui cherche à se dérober à ce supplice et même à frapper l'homme qui l'étrille.

Le cavalier, qui n'est généralement pas d'un naturel très-doux, prend le cheval en haine, et lui fait éprouver toute sa brutalité, mais il s'assure de l'impunité en choisissant, pour le battre, l'instant où il ne peut être vu de ses chefs.

S'il faut conserver l'étrille parce qu'elle est

nécessaire pour nettoyer la brosse, on ne devrait pas l'employer dans le pansage. Du reste,
on reconnaît presque que c'est un instrument
violent, puisqu'en route il est recommandé aux
cavaliers de ne point étriller les parties du dos
du cheval soumises au contact de la selle.

Le bouchon, la brosse, l'éponge et l'épous-
sette suffisent pour faire un bon pansage. La
brosse en chiendent serait, je crois, préférable
à celle qui est aujourd'hui en usage dans la
cavalerie et permettrait la suppression défini-
tive de l'étrille.

Dans quelques régiments, le pansage du soir
dure de six à sept quarts d'heure. N'est-ce pas
un supplice pour le cheval que d'être attaché
pendant ce temps la *tête un peu haute*, et de
se sentir frotter presque toujours brutalement
par un cavalier qui s'ennuie pendant cette longue
opération du pansage qui absorbe une partie
de sa journée ?

Un seul pansage de trois quarts d'heure
pourrait suffire à un homme pour bien nettoyer
un et même deux chevaux. S'il en était ainsi,
les officiers de semaine ne seraient plus astreints
à passer, chaque jour, près de trois heures aux

deux pansages ; temps précieux qu'il serait loisible de reporter sur d'autres parties importantes du service [1].

Le pansage des Arabes consiste habituellement à laver leurs chevaux une ou deux fois par jour ; ils les essuient après cette opération.

Dans le sud, les cavaliers arabes pansent leurs chevaux en les frottant avec un chiffon de laine ou une musette en poil de chameau.

Les Arabes s'attachent à tenir leurs chevaux propres, mais ils ne sont point partisans de nos pansages interminables, qui les rendent, disent-ils, délicats, fort impressionnables et plus sujets aux maladies. L'expérience, il faut l'avouer, semble leur donner raison.

En France, on conduit deux fois par jour le cheval à l'abreuvoir ; une seule pourrait suffire, du moins pendant une grande partie de l'année, car fort souvent, le matin, ces animaux trempent à peine leurs lèvres dans l'eau.

En Afrique, où la chaleur est beaucoup plus

______

[1] Dans quelques régiments, le pansage du matin dure quatre à cinq quarts d'heure, et celui du soir, que l'on commence à trois heures, ne finit parfois qu'à cinq heures moins vingt minutes.

forte que dans notre pays tempéré, les indigènes ne font boire qu'une fois par jour. Les
spahis de Constantine ont conservé cette habitude de sobriété à leurs chevaux qui s'en trouvent très-bien, surtout lorsqu'ils sont en expédition.

Dans les colonnes qui s'avancent au loin dans
le sud, les chevaux ne boivent journellement
qu'une gamelle d'eau de 7 à 8 litres, quelquefois
même, ils sont privés pendant plus de vingt-
quatre heures de cette minime ration.

Il serait donc bon, je le répète, d'habituer
nos chevaux de troupe française à un peu plus
de sobriété sous le rapport de la boisson.

CHAPITRE IX.

—

Dans les régiments de cavalerie on fait, à la fin de chaque mois, la toilette des chevaux.

Les cavaliers, surveillés par les officiers et sous-officiers de peloton, coupent le plus ras possible les crins qui poussent aux paturons ; ils coupent aussi ou plutôt ils arrachent les longs poils qui se trouvent sous la ganache. Ils s'escriment ensuite à enlever une partie de la crinière, afin qu'elle forme bien la *demi-lune*. Arrive enfin le maréchal ferrant de l'escadron qui, armé d'une paire de ciseaux, coupe les queues un peu au-dessous du jarret.

Les chevaux privés d'une partie de leurs crins ne peuvent plus se défendre aussi bien des mouches et des insectes, mais peu importe l'utile, l'uniformité avant tout.

Quoi de plus beau cependant pour ce noble animal qu'une longue crinière et une queue balayant le sol !

On peut objecter qu'il ne serait pas convenable de voir des chevaux avec une longue queue et une longue crinière, tandis que d'autres seraient moins favorisés sous ce rapport ; mais puisqu'on n'exige pas dans chaque régiment l'*uniformité des robes*, pourquoi donc se montrer plus sévère pour la longueur des crins ?

Les Arabes, que nous pouvons regarder comme nos maîtres dans les soins raisonnés qu'ils donnent à leurs montures, ne peuvent s'empêcher de sourire à la vue de nos chevaux à queue écourtée ; si l'un des leurs était privé de cet ornement, ils ne le regarderaient qu'avec mépris et ne le conserveraient pas.

Malheur au cheval de troupe dont le poil devient long et bourru à l'approche de l'hiver ; on le lui arrache sans pitié. C'est en vain qu'en se défendant, l'animal proteste contre cette opération qui le fait souffrir ; tout en lui enlevant une partie de sa couverture naturelle, il faut que le poil bourru disparaisse et que la toilette soit parfaite, tel est l'usage [1].

Le cheval, ainsi dépouillé, est exposé à diverses maladies par suite des intempéries de la saison ; il est vrai que, pour le promener ou pour le conduire à l'abreuvoir, lorsqu'il fait froid, on l'enveloppe dans une couverte, mais cette précaution ne remplace jamais *dame nature qui ne fait rien sans raison.*

Il serait à désirer que l'on supprimât la toilette des chevaux et que l'on rejetât le peigne qui ne sert qu'à arracher et à rompre les crins ; la brosse suffit pour démêler la crinière que l'on peut en outre laver avec l'éponge.

Les chevaux des spahis et des cavaliers arabes conservent leur longue crinière, et leur queue rase la terre lorsqu'ils sont au repos.

Les Arabes laissent croître les crins des paturons qu'ils teignent ainsi que les extrémités inférieures avec une décoction de henné, ce qui leur donne une couleur d'acajou. Ils teignent

---

[1] Il est à remarquer que le poil bourru, appelé aussi poil d'hiver, est plus long à la poitrine et au ventre, parties du corps très-sensibles au froid.

également les crins de la crinière et de la queue, ainsi que la partie du dos sur laquelle repose la selle ; les chevaux gris sont plus particulièrement frottés avec cette teinture qui ne s'enlève pas facilement et produit un effet assez bizarre. On comprend bien qu'il n'est pas nécessaire que nous en agissions ainsi avec nos chevaux de régiment.

En résumé, la toilette des chevaux arabes tend à les parer, et non à les priver de ce que la nature leur a généreusement accordé.

Plusieurs cavaliers arabes ornent le cou de leurs chevaux d'une corde en laine ou en soie, à laquelle est attachée une amulette (petit sachet en maroquin rouge). Ils prétendent que ce talisman, *Aroudje*, doit porter bonheur au cheval et préserver le cavalier de fâcheux accidents.

CHAPITRE X [1].

—

DE LA FERRURE, DE LA FORGE ET DES MARÉCHAUX.

La ferrure est de la plus haute importance dans un régiment de cavalerie; elle doit donc toujours être tenue en bon état, et réclame la surveillance constante des capitaines commandants et des officiers de peloton.

Les fers sont souvent trop lourds pour les chevaux de la cavalerie légère, et leur poids n'est pas toujours en rapport avec le volume des pieds et des membres.

---

[1] Il y a environ dix-huit mois, lors de mon passage à Paris, j'ai communiqué cet article à un camarade d'enfance, M. Sejournant, vétérinaire aux cent-gardes; je l'ai prié de me donner franchement son avis sur ce chapitre, et il m'a assuré qu'il contenait de très-bonnes choses.

Sauf quelques exceptions, le poids des fers pour les chevaux des chasseurs et des hussards ne devrait pas dépasser 300 grammes, tandis qu'il pèse de 350 à 450 grammes, y compris les clous.

Quelques chevaux rasent le sol avec les pieds de devant ; je crois qu'il serait utile de lever sur leurs fers un petit pinçon qui servirait à les solidifier et empêcherait le déplacement causé par un frottement continu d'avant en arrière.

La ferrure pathologique que l'on doit appliquer aux pieds défectueux ou pour remédier à la perte des aplombs, étant du domaine de MM. les vétérinaires il est inutile d'en parler ici.

Pendant la durée du pansage, il est très-important que les officiers de semaine fassent passer, chaque jour, la revue de la ferrure par les sous-officiers de peloton. Ils doivent s'assurer, en outre, que les pieds sont soigneusement nettoyés avec le cure-pied ; cet instrument est préférable en bois, et il est indispensable de l'employer si l'on tient à éviter les maladies du pied, si souvent fort graves.

Les fers arabes sont en fer doux et liant.
Afin de préserver les talons et la fourchette,
les éponges sont réunies sans être soudées.
L'étampure n'offre point, comme dans les fers
français, de cavité conique destinée à loger
une partie de la tête du clou; c'est un simple
trou fait au poinçon qui sert à laisser passer
seulement la lame du clou sans en loger la
tête. *J'avoue que je préfère notre système d'é-
tampure.*

Les maréchaux arabes attachent les fers de
devant avec trois clous de chaque côté; ils
laissent les pinces libres afin de ne pas gêner
l'élasticité du pied. Le poids de chaque fer
est, y compris les clous, de 175 à 200 grammes [1].

Les membres n'étant pas surchargés par la

---

[1] J'ai prié M. Jeffroy, capitaine instructeur au 2ᵉ escadron du train des équipages militaires, à Constantine,
de choisir, dans l'atelier d'un maréchal arabe, deux fers,
l'un ordinaire et l'autre très-fort; le premier pesait
135 grammes et l'autre 155; en ajoutant à chaque fer
40 grammes pour les six clous, cela donne une moyenne
de 185 grammes seulement pour chaque fer.

ferrure, les chevaux des indigènes fatiguent beaucoup moins, en marche que les nôtres, et ils fournissent des courses incroyables.

Les cavaliers arabes ne font ferrer les pieds de derrière que lorsqu'ils y sont contraints par le peu de dureté de la corne, ou lorsqu'ils habitent des pays dont le sol est pierreux. Ils laissent les pieds fort longs, prétendant que le cheval peut encore continuer sa route s'il vient à se déferrer.

On habitue le poulain, dès son jeune âge, à se laisser ferrer les pieds; on frappe sur la corne, puis on lui donne, pour le récompenser de sa docilité, de l'orge, de la galette, du koussekoussa; il se laisse ferrer par la suite sans opposer la moindre résistance. Pendant cette opération, les Arabes lui grattent l'encolure et la tête, le caressent en lui parlant. Il n'en est pas ainsi de quelques-uns de nos maréchaux français qui, avec leur brochoir, frappent brutalement tout cheval qui se défend lorsqu'ils le ferrent.

Les Arabes ont la plus grande estime pour leurs maréchaux, qui jouissent de larges immunités et de grands priviléges. Il est à regretter que, dans nos régiments de cavalerie, nous fassions moins de cas de nos maréchaux qui sont cependant des ouvriers fort utiles.

Un bon maréchal en pied est un homme précieux pour un capitaine commandant, surtout lorsque son escadron est détaché, en route ou en campagne. Malgré les services réels que rend cet artisan, il ne porte point de marques honorifiques, mais seulement il a sur les manches de son habit les attributs de sa profession. Son autorité sur son aide et ses sous-aides n'est donc basée que sur sa force musculaire.

Aucun officier de cavalerie, vieilli dans le métier, ne contestera qu'un bon maréchal en pied ne soit plus utile qu'un musicien dans un régiment de cavalerie.

Je n'attaque en rien le talent, que j'admire, de MM. les chefs et sous-chefs de musique, mais puisque l'on octroie si généreusement le rang de sous-officier et de brigadier à de simples musiciens, ne serait-il pas de toute justice que l'on nommât *brigadier* le maréchal en pied de chaque escadron, ce grade devant lui donner toute action sur son aide et ses sous-aides.

De très-bons maréchaux, certains de ne pouvoir prétendre à aucun bas grade dans l'armée, se retirent du service; récompensons ces ouvriers indispensables avec un peu de galon, et beaucoup d'entre eux resteront au corps.

Un sous-officier absent est remplacé par un brigadier, qui lui-même est remplacé par un cavalier de première classe, mais il est difficile de remplacer un bon maréchal; si l'ouvrier qui lui succède n'est pas habile, il peut blesser des chevaux en les ferrant, ce qui, en campagne, devient un embarras et diminue le nombre des cavaliers. Faisons donc quelque chose pour conserver le plus longtemps possible les ouvriers les plus indispensables à la cavalerie.

Il devrait y avoir, au-dessus des brigadiers maréchaux, un maître maréchal par régiment de cavalerie. Il serait chargé de la ferrure des chevaux de l'état-major, de la surveillance de la forge, et il aurait le rang et les galons de maréchal des logis.

Il est constant que les vétérinaires ne peuvent passer tout leur temps à la forge. Pendant l'absence de ces messieurs, les maréchaux sont livrés à eux-mêmes, et ils n'observent pas toujours les règles indiquées et prescrites pour certaines ferrures pathologiques.

Le maître maréchal servirait d'intermédiaire entre MM. les vétérinaires et les maréchaux dont il dirigerait les travaux. Ce grade ne serait conféré qu'au plus habile ouvrier en maréchalerie, connaissant en outre la théorie des aplombs et la pratique des divers modes de ferrure.

Tous les ouvriers tailleurs, selliers et bottiers d'un régiment peuvent aspirer au grade de brigadier et de sous-officier (*maître*) ; les maréchaux seuls sont exclus de tout avancement, et leur légitime ambition, malgré, leur ancienneté et leurs bons services, doit se contenter du simple galon de cavalier de première classe.

Les maréchaux sont, non-seulement les plus utiles ouvriers d'un régiment de cavalerie, mais encore les plus exposés et les moins rétribués.

Peut-on citer un seul exemple d'un maréchal ferrant s'étant retiré du service avec une modeste aisance acquise par son travail journalier. En revanche, on voit plusieurs maîtres ouvriers de l'armée qui ont fait fortune depuis une trentaine d'années.

CHAPITRE XI.

—

Dans la cavalerie, le harnachement n'est point une partie secondaire ; aussi que de transformations n'a-t-il pas subies depuis une vingtaine d'années ; que de dépenses pour l'État et pour les officiers !

En est-on arrivé à l'adoption d'une selle plus légère ? A-t-on trouvé mieux, pour la cavalerie légère, que le simple arçon hongrois, modèle de 1829 ?

Le capitaine Cogent, dans son *Manuel du harnachement*, a parfaitement décrit les avantages et les inconvénients des harnachements de toutes les armes ; je n'ai rien à ajouter après ce qu'en a dit cet habile praticien ; je crois seulement que les Arabes, avec leur selle et leur bride primitives, sont encore les cavaliers qui possèdent le meilleur harnachement, et je vais en parler en détail.

On a conservé aux spahis la selle arabe dont l'arçon est excellent, parce qu'il procure au cavalier de très-grands moyens de tenue lorsque l'on marche aux allures vives, ou sur un terrain accidenté.

L'immense troussequin de cette selle sert à donner un point d'appui au cavalier, lorsque, dans un combat, il fait parler la poudre ou qu'il se livre à une équitation hardie dans une brillante fantazia.

Il n'est point rare de voir des cavaliers adroits ramasser au galop le plus allongé des petites pierres, et même saisir avec la main, dans deux ou trois endroits différents, une de leurs longues ceintures étendues par terre. Faites monter ces Arabes sur nos selles de troupe françaises, et je doute fort qu'ils soient alors aussi hardis et aussi adroits.

Un pommeau très-élevé réunit les deux bandes sur le devant, et peut à la guerre préserver une partie du ventre du cavalier ; il lui sert en outre à accrocher sa musette, sa djebira

et divers autres effets. Parfois, lorsque le cavalier arabe descend de cheval, il y place aussi
son fusil qu'il attache par la grenadière.

Il faut avoir une certaine habitude de la selle
arabe pour ne pas être frappé violemment à
l'estomac par le pommeau lorsque le cheval
saute un fossé ou une haie.

Deux larges lames en bois sont maintenues
par le pommeau et le troussequin ; elles reposent sur le dos du cheval qui est garanti des
meurtrissures par plusieurs feutres superposés
et formant couverture. Ces lames sont sur-
montées de deux bandes, qui non-seulement
servent d'arcs-boutants à l'arcade et au troussequin, mais encore forment le siége du cavalier
que les spahis français trouvent un peu dur pendant les premiers jours de marche, mais auquel
ils finissent par s'habituer.

A l'arrière du troussequin sont placés deux
petits coins en bois qui servent à le solidifier.

Deux crampons en fer sont fixés à l'arrière
du troussequin des selles des spahis et servent
à recevoir les courroies qui maintiennent leur
paquetage. Les selles des cavaliers arabes n'ont
pas de crampons.

L'arçon arabe est très-léger et généralement
en bois de laurier rose et non en olivier comme
quelques personnes le croient. Il est recouvert
d'un cuir vert clair et parcheminé qui, étant
appliqué sur l'arçon lorsqu'il est encore mouillé,
a l'avantage en séchant de s'adapter parfaitement au bois et de faire, pour ainsi dire, corps
avec lui, ce qui donne à cet arçon une très-
grande solidité quoiqu'il n'ait pas de ferrures.

Six ou sept feutres de couleur rouge, jaune,
blanche et bleue tiennent lieu de couverture.
Ils sont superposés et cousus ensemble, de
façon que celui du dessus, qui est d'un bleu
foncé, étant un peu moins large que les autres,
les laisse apercevoir. Ce tapis produit un assez
joli effet par la variété des couleurs des divers
feutres ; il est attaché par quatre lanières à l'arçon et garni de plaques en cuir aux parties sur
lesquelles reposent les lames de l'arçon, les
étrivières et la sangle.

On place sous la selle de la cavalerie française une couverture qui, pliée en huit, douze
ou seize doubles, glisse assez souvent, *surtout
aux allures vives*. Cet inconvénient n'existe pas

avec les feutres de la selle arabe, qui procure
en outre, au cavalier l'avantage de seller son
cheval avec beaucoup de célérité.

L'arçon arabe est recouvert d'une chemise
de selle ou couverture en maroquin rouge ;
(filaly), elle est ornée de quelques raies en soie
de diverses couleurs pour les harnachements
des simples cavaliers. Les selles des chefs ont
des couvertures brodées en or ou en argent.
La bride et le large poitrail sont également
brodés comme la chemise de selle; les plus
riches sont en velours et presque entièrement
couvertes de broderies en or et ornées de fran-
ges; elles coûtent plusieurs mille francs.

Les califats, les caïds et les grands person-
nages arabes, mettent tout leur luxe à posséder
de beaux chevaux, de riches armes et de superbes harnachements.

Différents modèles de poitrail ont été mis en
usage, depuis plusieurs années, dans la cavalerie, mais aucun ne vaut le poitrail arabe qui est
très-solide et maintient parfaitement la selle. Il
est pourvu, à chaque extrémité, de deux bou-
cles en fer ou en argent, et s'attache à deux
contre-sanglons fixés à la selle par des la-

nières de cuir ; il se place beaucoup plus vite et plus facilement que le nôtre.

La sangle arabe est en tissu de laine ou de poil de chameau ; elle paraît préférable à la sangle en cuir qui durcit en vieillissant et quelquefois blesse le cheval ; elle est placée un peu en avant des étrivières.

La cavalerie et l'artillerie ont adopté différents genres de croupières plus ou moins simples et bonnes ; l'Arabe n'emploie point cet accessoire qui, d'après lui, gêne les mouvements du cheval, surtout aux allures vives, et le blesse souvent [1]. Dans la cavalerie, les étrivières sont en général très-longues, et les cavaliers risquent de les perdre aux allures vives.

Les étrivières arabes sont très-courtes, et placées un peu en arrière de la sangle, à une égale distance du pommeau au troussequin ; elles se composent d'une lanière en cuir passant sept ou huit fois dans l'œil de l'étrier et dans l'anneau servant de porte-étrivière.

---

[1] Au 3ᵉ régiment de spahis, on se sert exceptionnellement de la croupière pour quelques chevaux bas du devant.

Les chefs et les cavaliers des grandes tentes ont leurs étrivières en soie ou en filaly tressé ; dans le sud, on en fabrique en poil de chameau.

Nos différents modèles d'étriers français diffèrent peu de forme, et n'ont pas la grille assez large pour contenir le pied ; il n'en est pas ainsi des étriers arabes dont la semelle est très-large, et sur laquelle le pied trouve un point d'appui dans presque toute sa longueur. Ils deviennent d'un grand secours pour le cavalier qui combat isolément, car ils lui permettent de s'enlever, et le laissent plus libre de ses mouvements pour manier ses armes. La semelle de l'étrier arabe est un peu cintrée et s'adapte parfaitement à la cambrure du pied des cavaliers indigènes qui portent à cheval des témacks (bottes molles en cuir de Maroc).

D'après l'ordonnance sur l'exercice et les évolutions, notre étrier français ne doit porter que le poids de la jambe ; il n'en est pas ainsi des étriers arabes qui souvent portent tout le poids du corps de l'homme. On ne peut nier cependant que les Arabes ne soient de solides et vigoureux cavaliers.

La large semelle des étriers arabes rappelle

le développement de la grille de nos chevaliers du moyen âge.

Les selles arabes n'ont pas de fontes, les cavaliers arabes portent leurs pistolets à la ceinture et, plus souvent, dans un porte-pistolet en maroquin rouge (le balaskar), qu'ils placent sur le côté gauche, et qui est fixé au corps par une ceinture en cuir, ainsi que la giberne qu'ils portent du côté droit.

Le sabre du cavalier arabe (Flissa) est attaché à sa selle du côté hors montoir *(les Arabes montent à droite)*, et la cuisse du cavalier, lorsqu'il est à cheval, est placée sur le sabre [1].

Les spahis ont, ainsi que les Arabes, leur sabre maintenu à la selle par deux courroies de porte-sabre; mais ils ont un ceinturon pour le placer au côté lorsqu'ils font un service à pied.

La bride a subi jusqu'à présent différentes modifications dans les régiments de cavalerie,

---

[1] Lorsque les cavaliers descendent de cheval pour combattre à pied, le sabre embarrasse leurs mouvements : il serait donc préférable, à mon avis, de l'attacher à la selle.

mais je ne pense pas qu'elle ait encore atteint la perfection.

La bride arabe est fort simple : elle se compose de deux larges montants, dont le grand, formant têtière, vient se boucler à l'autre plus petit ; à ces montants sont fixées des œillères qui ont pour but d'empêcher le cheval d'avoir peur des objets extérieurs ; elles préservent également les yeux de la réverbération du soleil et de la poussière soulevée par le vent.

Les brides arabes ont rarement de sous-gorge, cependant on en a adapté à celles des chevaux des spahis.

Du maroquin rouge (filaly) entoure la bride qui est ornée, ainsi que la chemise de selle et le poitrail, de broderies de soie, d'argent ou d'or, suivant la fortune du cavalier.

L'Arabe ne met point de licol à son cheval ; lorsqu'il le quitte, il laisse les longues rênes de la bride tomber à terre et place quelquefois une pierre sur leur extrémité ; le cheval se croit attaché et ne bouge pas.

Au bivouac ou devant sa tente, l'Arabe attache son cheval avec une ou plusieurs entraves.

Les spahis font usage, lorsqu'ils sont en garnison, d'un collier dont le prix, sans compter la longe, n'est que de trois francs, très-solide, et maintenant parfaitement le cheval.

Les chevaux des régiments de cavalerie portent avec la bride un licol *dit de parade*, dont on ne se sert pour les attacher que lorsqu'on est en route. En garnison, ils sont maintenus par un licol d'écurie qui est compliqué comme celui dit de parade, et qui a le grave inconvénient de sortir de la tête du cheval lorsqu'il se frotte la nuque sous la mangeoire.

Le prix du licol de parade et de celui d'écurie fait une double dépense qui monte en général à une douzaine de francs. En substituant aux deux licols le collier qui ne coûte que trois francs, on obtiendrait une économie de neuf francs, et on éviterait en outre l'embarras de réunir les licols d'écurie et d'en faire des ballots lorsque survient un changement de garnison.

Ces effets sont transportés par le roulage à la nouvelle destination, ce qui occasionne encore une petite dépense.

Le mors de bride français a subi aussi divers changements, et il est à peu près revenu maintenant au modèle de 1818 dont les branches avaient la forme d'une S. En 1845, on a fait des mors à branches droites, et en 1853, on a repris le mors à la Condé en y apportant une légère modification.

Les cavaliers arabes se servent d'un mors qui, forgé d'une seule pièce, est très-solide, et maîtrise parfaitement le cheval, mais généralement ce mors n'a pas de liberté de langue, tandis que le mors arabe en usage dans les régiments de spahis en a une.

Le mors arabe est moins dur qu'on ne le suppose ; ses branches sont larges, courtes, et forment le C. Un anneau en fer, articulé à l'embouchure de ce mors sert de gourmette, et est plus large à la partie qui pose sur la barbe.

La gourmette formée par cet anneau en fer ne peut s'allonger, mais les cavaliers arabes obvient à cet inconvénient en remontant le mors si la gourmette est trop large, et en le baissant un peu si, au contraire, elle est trop juste.

L'Arabe ne se sert point de mors de filet et n'a pas de bridon d'abreuvoir. Quand il fait boire son cheval, il le débride ; mais après une course longue et pénible, il le fait boire avec la bride.

Le harnachement arabe est celui qui exige le moins de soins de propreté, puisqu'aucune partie ne doit être cirée. Les cavaliers français l'adopteraient avec plaisir ; son entretien serait facile, et ne nécessiterait point l'emploi du cirage comme plusieurs parties du harnachement actuel, ce qui constitue une dépense supportée par l'ordinaire du soldat.

En résumé, le harnachement arabe est peut-être le meilleur pour faire campagne, et la cavalerie légère pourrait facilement le mettre en usage, en y faisant quelques modifications et en y ajoutant des fontes.

Les arabes ont pour complément de leur harnachement, puisqu'elle est constamment pendue au pommeau de la selle, la djebira, espèce de sabretache à plusieurs compartiments dans lesquels ils placent leurs provisions de guerre et de bouche. Quelques-unes de ces djebiras sont richement brodées d'or ou d'argent, d'autres sont recouvertes d'une peau de lynx, de panthère ou de tout autre animal féroce, victime de l'adresse ou du courage du cavalier.

Je ne dois pas omettre de rapporter ici que les cavaliers arabes ne dessellent leurs chevaux que trois ou quatre heures après leur arrivée au camp et longtemps après qu'ils ont bu.

CHAPITRE XII.

—

DE LA PROMENADE DES CHEVAUX.

Si l'exercice est indispensable à la santé de tous les animaux, il l'est surtout à celle du cheval, dont la très-grande force musculaire a besoin de dépenser la surabondance de son activité.

Les manœuvres n'ayant lieu que pendant une partie de l'année, les chevaux, sauf ceux qui sont montés à la 3ᵉ classe, n'ont pour tout exercice qu'une promenade faite habituellement au pas, et dont la durée n'excède point sept ou huit quarts d'heures au plus.

Il arrive même souvent que cette promenade ne peut pas avoir lieu, soit à cause de la pluie au moment du départ, soit en hiver à cause de la neige, et c'est à peine si, en moyenne, il y a quatre promenades par semaine. Quant à la distance parcourue, elle est tout au plus de 10 à 12 kilomètres.

En supprimant un pansage par jour, il serait possible de faire cinq à six promenades par semaine ; chacune d'elles durerait de deux heures et demie à trois heures et l'on ferait de 20 à 25 kilomètres.

Lorsqu'on manœuvre, on passe successivement aux trois allures ; il serait rationnel de ne point négliger cette progression pendant la promenade qui aurait alors le double but de procurer un exercice salutaire aux chevaux et et d'en régler les allures [1].

Il est certain que les cavaliers s'ennuient pendant les promenades au pas, et qu'ils préfèrent trotter ; quant aux chevaux, il suffit de voir leur gaieté et leurs bonds lorsqu'on passe

---

[1] Il faudrait, pour que l'on pût trotter et galoper sans accidents à la promenade, qu'il n'y eût point, ou fort peu de chevaux de main.

Dans quelques régiments, les sous-officiers comptables et beaucoup de cavaliers employés ne vont pas d'habitude à la promenade ; il serait à désirer qu'aucun homme ne fût dispensé d'assister à la promenade des chevaux.

aux allures vives, pour être assuré qu'ils y trouvent plus de plaisir qu'à marcher au pas, où parfois ils s'endorment.

Un exercice raisonnable n'est jamais nuisible, il favorise toujours l'accomplissement des fonctions organiques, et les hommes et les chevaux s'en trouvent fort bien.

En faisant de longues promenades, les cavaliers finissent par n'y plus éprouver la moindre fatigue, les chevaux sont constamment en haleine, et s'il faut se mettre en route, l'étape n'est pour tous qu'une promenade habituelle.

Les cavaliers arabes prennent souvent l'allure du galop dans leurs promenades; aussi peuvent-ils toujours compter sur leurs chevaux pour faire une course rapide ou franchir des distances considérables.

CHAPITRE XIII.

—

DES ROUTES.

Lorsqu'un régiment doit changer de garnison on fait, huit ou dix jours à l'avance, des marches militaires, afin d'habituer les hommes et les chevaux aux fatigues de la route.

L'étape ne représente cependant, en moyenne, qu'une distance de 28 kilomètres ; ce ne serait qu'une simple promenade pour le cheval, s'il avait été soumis chaque jour à un exercice salutaire pendant les années et les mois qu'il a passés en garnison.

Il est à remarquer que si le cheval dépérit un peu pendant les premiers jours de marche, il arrive presque toujours en bon état à la nouvelle garnison, lorsque la route a été longue.

On sonne d'habitude, en route, le réveil deux heures ou deux heures et demie avant le moment fixé pour le départ. A la sonnerie de la botte, on donne aux chevaux ce qui reste de leur ration de foin de la veille ; on fait ensuite le pansage, on les conduit à l'abreuvoir, on donne l'avoine, puis on selle, charge et bride à la sonnerie des trompettes. Les cavaliers montent enfin à cheval et vont se réunir au lieu désigné la veille pour le rassemblement de la colonne.

Si les chevaux étaient habitués à ne boire qu'une fois par jour, il serait facile de se mettre en route cinq à six quarts d'heure après le réveil, qui pourrait être retardé d'une heure ; temps précieux pour le repos des hommes et des chevaux. Il faudrait alors donner, chaque soir, tout le foin pour que les chevaux pussent le manger pendant la nuit ; un peu d'avoine leur suffirait avant le départ du matin.

N'est-il pas dit, dans le *Cours d'équitation militaire*, que le repos est nécessaire pendant le premier moment de la digestion, pour que cette fonction s'accomplisse utilement ? N'est-ce donc pas contraire à ce principe que de faire marcher au trot des chevaux qui viennent de boire et de manger avant de se mettre en route?

La plupart des Arabes ne donnent rien à leurs chevaux avant le départ du matin; ils prétendent que le cavalier ne mangeant point à son réveil, il n'est pas rationnel de faire plus pour son cheval, en le gorgeant d'une nourriture qui ne lui est nullement profitable le matin.

Aux spahis de Constantine, on donne aux chevaux, avant le départ du matin, le tiers de la ration d'orge, mais on ne les fait pas boire.

Quelques étapes n'ont, en France, que 18 à 20 kilomètres; ne serait-il pas plus facile de les faire doubler par la cavalerie, et pense-t-on qu'un cheval serait taré ou ruiné s'il faisait de temps à autre de dix à douze lieues, dans un jour?

Toutes les personnes qui ont voyagé en Algérie n'ignorent point que la plus petite journée d'un cheval barbe est d'une cinquantaine de kilomètres, et qu'il pourrait facilement en faire 60 à 70 pendant plusieurs jours de suite.

J'ai vu des chevaux barbes fort ordinaires,

dont le prix n'excédait point 400 francs aller dans un jour de Sétif à Constantine ; le trajet en est cependant de trente-quatre lieues environ.

On croit peut-être que le cheval français n'est point capable de faire de longues courses ; c'est une grave erreur, et je pourrais citer des escadrons du 1er régiment de chasseurs de France qui, en 1848, 49 et 50, ont doublé et même triplé des étapes.

Tout cheval de troupe ne pouvant doubler une étape devrait être réformé de suite. Les régiments de cavalerie doivent briller, non par le nombre, mais par la qualité de leurs chevaux.

CHAPITRE XIV.

—

Les chevaux de remonte devraient avoir, lors de l'achat, soixante mois révolus; cependant on est autorisé à les prendre à quatre ans. Un cheval de cet âge reste pendant un an dans un dépôt de remonte ou au régiment avant d'être monté pour son dressage.

Non-seulement ce jeune cheval est un embarras pour le régiment pendant trois cents soixante-cinq jours, mais encore, s'il n'a coûté que 400 à 500 francs, son prix d'achat est doublé par le nombre de rations qu'il a consommées durant le temps qu'il n'a pu être monté.

Il ne faut pas oublier non plus que les poulains de quatre à cinq ans étant sujets à diverses maladies, on en perd quelques-uns dans le courant d'une année, et que d'autres sont réformés avant d'avoir rendu le moindre service,

En admettant que chacun des 61 régiments de cavalerie, y compris les six de la garde impériale et les trois de chasseurs d'Afrique, aient seulement une moyenne constante de vingt chevaux de quatre ans, ce chiffre, quoique peu élevé, donne encore un total de 1,220 poulains.

Les régiments d'artillerie, les compagnies de sapeurs-conducteurs du génie, le train des équipages et les divers établissements de remonte possèdent bien 1000 jeunes chevaux qui, ajoutés au 1,220 de la cavalerie, font un effectif de 2,220 poulains de quatre à cinq ans.

Quoique ces jeunes chevaux ne fassent aucun service, ils n'en coûtent pas moins, en *moyenne*, chacun 1 fr. 20 c. par jour pour nourriture, ferrure, médicaments, etc. La dépense journalière est donc pour toutes ces non-valeurs de 2,664 fr., soit par an la somme énorme de 972,360 fr. Ajoutons à ce chiffre, pour pertes ou réformes, pendant un an, d'une cinquantaine de ces poulains, la somme de 27,640 fr., et nous arrivons au chiffre rond d'un million, prélevé en pure perte sur le budget de la cavalerie et des remontes.

Il y a donc nécessité, dans l'intérêt de l'État et dans celui des régiments, *si l'on tient à diminuer le nombre des non-valeurs*, de n'acheter que des chevaux de troupe ayant cinq ans révolus. Quand bien même il faudrait les payer 150 ou 200 fr. de plus que les poulains de quatre ans, le budget de la guerre réaliserait encore, je le répète, de fort belles économies.

Les cavaliers arabes pauvres montent leurs chevaux dès l'âge de deux ans, mais les caïds et les chefs de grandes tentes ne s'en servent pour faire de longues courses que lorsqu'ils ont atteint leur sixième ou septième année. Ils prétendent que ce n'est qu'à sept ans que le cheval a acquis toute sa taille, toute sa force et toute son énergie.

CHAPITRE XV.

—

DU CHOIX DES ÉTALONS POUR LES CHEVAUX DES DIFFÉRENTES
ARMES DE LA CAVALERIE.

Depuis la guerre d'Orient on doit reconnaî-
tre, en France, qu'il est urgent de se servir,
pour géniteurs, d'étalons arabes et barbes, dont
les produits sont très-robustes et très-propres
à supporter les fatigues de la guerre.

L'Algérie, que l'on peut considérer comme
le berceau et la patrie du cheval barbe, est
susceptible de nous procurer à peu de frais de
beaux étalons d'une taille de 1 mètre 48 à 50
centimètres. Donnons à ces reproducteurs des
juments étoffées, d'une taille élevée, et bientôt
nous aurons d'excellents chevaux, assez forts
et assez grands, non-seulement pour remonter

notre cavalerie légère, mais encore notre cavalerie de ligne.

En élevant ces poulains d'après l'hygiène
arabe, qui est fort rationnelle , et que l'on
continuerait le plus possible au régiment, on
obtiendrait des chevaux très-rustiques et capables d'edurer les privations et les fatigues de la
guerre.

Il n'existe pas encore en Algérie de race de
chevaux de trait, mais il serait facile d'en créer
une par des croisements bien entendus.

En France, on réforme, chaque année, beaucoup de chevaux qui sont vendus à un prix peu
élevé. On devrait choisir, dans chaque régiment de cavalerie, d'artillerie et du train des
équipages [1] , parmi les juments réformées

------

[1] La plupart des juments de nos régiments de cavalerie de réserve étant anglo-normandes ou boulonnaise,
ne donneraient, avec l'étalon arabe ou barbe, que des
produits médiocres ; aussi je suis bien éloigné de prétendre qu'il faille envoyer ces types du Nord en Algérie.

En croisant les juments du centre de la France, et du
Midi surtout, avec de forts étalons barbes, on obtiendrait
de beaux chevaux de taille, ces géniteurs donnant en
général des produits supérieurs à eux-mêmes sous ce
rapport.

Je cite un exemple : Quelques juments du 1er régi-

pour tares accidentelles , celles qui paraî-
traient susceptibles de faire de bonnes pou-
linières, et les envoyer dans nos possessions
d'Afrique.

Dans chaque province, on établirait des haras pour y placer ces juments que l'on ferait
saillir par de grands et robustes étalons barbes
faciles à trouver dans les pays de plaine, particulièrement dans les environs de Sétif et sur
les bords du Chélif. Les produits résultant de
ces croisements ne pourraient manquer de devenir de grands et forts chevaux, tenant généralement du père pour le moral, et de la mère
pour le sang, la taille et les formes.

Les plus grands et les plus légers de ces
chevaux feraient d'excellentes montures pour
les officiers de la cavalerie de réserve et de
ligne ; les autres , plus étoffés et d'une taille
moins élevée, seraient de très-bonnes remontes

---

ment de chasseurs de France, alors dans la province d'O-
ran, ayant été saillies accidentellement au bivouac par
des chevaux de chasseurs d'Afrique ou de spahis, pro-
duisirent des poulains très-remarquables ; j'en appelle .
aux souvenirs du vétérinaire Brunet et des officiers du
régiment.

pour l'artillerie, dont ils traîneraient les pièces avec célérité, ce qui est d'une grande importance à la guerre. Ces chevaux, élevés d'après les coutumes arabes, auraient deux qualités très-nécessaires en campagne, la rusticité et la sobriété.

Si quelques-uns de ces produits ne convenaient point à l'armée, ils seraient livrés à l'agriculture et au commerce, qui commencent à ressentir le besoin d'avoir des chevaux de trait du pays pour les travaux agricoles et le service des voitures publiques.

Depuis longtemps déjà, les produits de l'étalon anglais servent presque exclusivement à remonter notre cavalerie de réserve. Ces chevaux, de taille élevée, ont des formes arrondies, et sont superbes en garnison, mais je ne puis m'empêcher de faire remarquer ici que ces demi-sang sont très-délicats. Ils exigent pour leur conservation des abris et des soins qu'il est impossible de leur donner toujours en campagne. On ne devrait faire saillir l'étalon anglais, cet admirable résultat des bons croisements de nos *voisins d'outre-mer*, que pour en obtenir des chevaux de course, d'équipage ou de luxe.

5.

Le cheval français est, en général, robuste et dur à la fatigue ; il convient comme cheval de guerre, et il serait urgent de rechercher avec soin les types des grands chevaux de nos races françaises menacées de disparaître bientôt entièrement.

On pourrait trouver encore quelques normands, boulonnais, percherons, comtois, limousins et nivernais d'une taille élevée et susceptibles de faire de bons étalons. Les produits de ces chevaux seraient assez grands et assez forts pour être destinés à la cavalerie de réserve, si difficile à bien remonter.

La guerre d'Orient doit avoir démontré que le cheval de troupe français, amolli par le bien-être et le repos des garnisons, ne peut plus braver les fatigues de la guerre et les intempéries des saisons. Ce noble animal a pris cependant une part active, *il y a un demi-siècle à peine*, à toutes les immortelles campagnes du premier Empire. Il passait alors une partie de son existence au bivouac ou dans les camps ; aussi était-il renommé pour sa rusticité.

Le chevaux français, limousins et du Midi surtout, peuvent supporter encore les fatigues et les privations en campagne, mais il faut les y habituer progressivement, et ne point les soustraire à l'influence toujours si favorable du grand air.

Je citerai un exemple : le 1er régiment de chasseurs de France reçut, à la fin de février 1846, l'ordre de se rendre en Afrique, et les quatre escadrons de guerre, montés presque exclusivement de chevaux du Midi et limousins, quittèrent le Mans le 1er mars. Malgré le froid et l'intempérie de l'hiver, ces chevaux arrivèrent en fort bon état à Toulon, après une route de 35 étapes environ. Ils furent embarqués dans le courant d'avril et de mai ; ils firent partie de plusieurs expéditions ou escortes ; enfin ils revinrent en France en juillet 1848 [1]. Quelques mois après, le 1er régiment de chasseurs, sous les ordres de M. le général de Nouë,

____

[1] Lors de la rentrée en France du 9e chasseurs, en mai et juin 1846, plusieurs chevaux de ce régiment furent versés au 1er de chasseurs, qui était venu le remplacer en Afrique. Beaucoup de ces chevaux, épuisés par les longues et pénibles expéditions qu'ils avaient eu à faire au 9e de chasseurs, moururent, ou furent réformés à leur arrivée au 1er de chasseurs. Il ne faudrait pas con-

alors son colonel, eut l'honneur de faire partie de l'expédition d'Italie.

Pendant la durée du siége de Rome, les chevaux passèrent plusieurs mois au bivouac, sans que la chaleur du jour ni la fraîcheur des nuits exerçassent une influence pernicieuse sur leur santé ; enfin ils rentrèrent en France en avril et en mai 1850, en parfait état de conservation.

Il est juste de dire que le 1er régiment de chasseurs ayant été au camp de la Gironde, dit aussi de Saint-Médard, pendant une partie de l'automne de 1845, et ayant fait ensuite la route de Libourne au Mans et du Mans à Toulon, ses chevaux étaient en haleine et habitués à un exercice salutaire. Il n'est donc pas surprenant qu'ils aient conservé leur vigueur et leur santé pendant les campagnes qu'ils firent en Afrique et en Italie.

---

clure de là que nos chevaux des escadrons de guerre du 1er de chasseurs n'aient point résisté au climat d'Afrique. Du reste, je n'ai pas la prétention de dire que nos chevaux français n'aient point payé un léger tribut pendant les premiers mois de leur séjour en Afrique.

Je crois que les étalons du Gouvernement
font, en général, trop de saillies pendant la saison de la monte, ce qui doit les épuiser avant
l'âge, et ce qui peut avoir, à la fin de la saison, une fâcheuse influence sur leurs produits.
Je n'ose qu'indiquer cette question, laissant à
des personnes plus compétentes que moi le soin
de la résoudre,

La plupart des éleveurs français se préoccu-
pent fort peu de faire des croisements rationnels ; ils font saillir des juments médiocres par
de fins étalons anglais, espérant que leur produits seront des chevaux de course ou de selle,
mais ils n'obtiennent le plus souvent que des
chevaux *mal suivis et haut montés sur des membres grêles.*

Les chefs arabes qui tiennent beaucoup à
leurs chevaux ne les laissent saillir, chaque année, que quatre ou cinq fois tout au plus.

Les cavaliers indigènes attachent la plus
grande importance au choix d'un étalon. Ils
vont souvent fort loin pour trouver un géniteur
en rapport avec la taille et les qualités de leur
jument.

CHAPITRE XVI.

—

Si le cheval acquiert au régiment des habitudes de repos excessif, il n'en est pas ainsi du cavalier qui, levé avant le jour, est constamment occupé à nettoyer les écuries, ses effets, ses armes, son harnachement, et à faire deux longs pansages.

La promenade, les corvées et, pour plusieurs, l'école du 1er degré, viennent compléter l'emploi de la journée. Il faut ajouter à ces divers devoirs du cavalier les tours de garde de police, de garde d'écurie, les piquets, les corvées, etc.

Quant à l'homme de recrue, il doit en outre aller, chaque jour, à l'instruction à pied et à cheval, et apprendre à paqueter une selle ; en un mot, la journée lui suffit à peine pour ce travail incessant, et plus d'un paysan arraché à sa charrue en arrive souvent à regretter les durs travaux de la campagne.

Il y· aurait, je crois, possibilité d'alléger le service du cavalier en ne faisant qu'un pansage par jour, et en supprimant quelques effets de grand équipement, qui ne servent qu'à donner du travail à l'homme pour leur entretien, et à fatiguer le cheval par leur poids.

On pourrait faire passer plus vite l'homme de recrue à l'école d'escadron, en supprimant le travail en bridon, qui me paraît inutile et même nuisible; j'en parlerai au chapitre de l'instruction.

Sauf quelques rares exceptions, les cavaliers français n'ont point *l'amour du cheval* [1]; beaucoup même le détestent, car ils ne voient en lui qu'un *animal* dont il faut sans cesse s'occuper,

---

[1] Le cavalier français est *si peu amoureux du cheval*, si je puis m'exprimer ainsi, qu'un cavalier ne saurait dire si son cheval a mieux mangé que la veille, ou si même il l'a regardé manger. J'en ai fait souvent l'observation.

Note de M. le lieutenant-colonel de Noë.

et qui, souvent, leur occasionne des repro-
ches, parfois même des punitions.

Quelques cavaliers frappent violemment leur
cheval, de là surviennent des maladies qui en
entraînent la réforme et la perte.

Une modique prime de 5 centimes par jour
accordée à tout cavalier ayant le même cheval
depuis trois ans empêcherait plusieurs d'entre
eux de brutaliser leur monture, qu'ils seraient
appelés dès lors à conserver par intérêt et à laquelle ils finiraient par s'attacher. Cette prime
journalière serait portée à 10 centimes lorsque
le cavalier aurait gardé le même cheval pendant six ans [1].

A chaque inspection générale, on donne
maintenant une gratification de 10 à 15 francs
aux cavaliers qui ont le mieux pansé leurs che-

---

[1] Cette prime fut accordée autrefois, *m'a-t-on dit,*
sous la dénomination de chevrons de chevaux; elle fut
supprimée probablement parce que les anciens cavaliers
conservaient le même cheval, lors même qu'il était devenu impropre au service. Maintenant, le contraire a
lieu, les hommes cherchent souvent à faire réformer
des chevaux passables encore, et presque tous en chan-
gent chaque année.

vaux pendant l'année; cette prime est fort bonne pour engager les hommes à bien soigner leur monture, mais elle ne leur impose point la nécessité de conserver le même cheval pendant longtemps pour obtenir une juste récompense.

Je crois que l'on parviendrait encore à inspirer l'amour du cheval au cavalier en lui permettant de le monter quelquefois le dimanche à titre de récompense. Il serait heureux de parcourir, en amateur, les environs de la garnison; il serait fier de faire admirer son élégant coursier, qu'il regarderait dès lors comme un compagnon de promenade et de loisir.

Si un homme abusait de cette faveur, il serait loisible de la lui retirer pour un temps déterminé ou pour toujours.

Les cavaliers de recrue ne pourraient obtenir l'autorisation de monter à cheval pour la promenade individuelle que lorsqu'ils seraient admis à l'école de l'escadron; cette perspective stimulerait leur zèle et les engagerait à ne point manquer à cette importante instruction.

Le spahis arabe aime son cheval, non-seulement parce qu'il partage avec lui les courses et les dangers, mais plus encore parce qu'il lui attire, dans les fêtes auxquelles il assiste, les compliments de ses amis, et surtout les regards des jeunes filles arabes, qui poussent des cris d'admiration à la vue de son adresse.

Jamais un cavalier arabe ne passe devant une tribu ou un douaire sans faire de la *fantazia*, et il est glorieux des applaudissements que lui procure son destrier, qui semble comprendre la pensée de son maître et partager son triomphe.

CHAPITRE XVII.

—

Quelques effets de grand et de petit équipement pourraient subir d'utiles modifications.

Le manteau en drap, tel qu'il est aujourd'hui, préserve le cavalier d'une petite pluie, mais si elle tombe fort pendant une demi-heure seulement, le drap s'imbibe d'eau, ne garantit plus l'homme et ne sert qu'à le charger d'un poids considérable.

Il serait facile à l'État de faire imperméabiliser, à peu de frais, dans ses manufactures, les draps de manteau pour la cavalerie et pour cabans et capotes d'infanterie ; cette prévoyante mesure éviterait certainement des maladies aux militaires qui voyagent ou font campagne.

Le manteau confectionné d'après le modèle réglementaire ne garantit pas bien la nuque du cavalier : il serait bon de remédier à cet inconvénient en ajoutant un capuchon, destiné, en temps de pluie, à recouvrir le shako ou le képi. Cette addition n'occasionnerait aucune dépense supplémentaire, le drap nécessaire à sa confection pouvant être prélevé sur le collet, qui serait alors un peu plus petit.

Les officiers qui font campagne en Afrique ont tous, en expédition, des burnous, ou des cabans à capuchon, et ils s'en trouvent fort bien pendant les sorties d'hiver.

Les spahis ont deux burnous, l'un blanc et l'autre rouge, posé sur le premier ; ces effets ont chacun un capuchon.

Tous les cavaliers arabes ont un ou plusieurs burnous.

Depuis quelques années, la giberne et le porte-giberne ont cessé d'être en usage dans l'infanterie. Les hommes sont plus libres de leurs mouvements, débarrassés de ces lourds effets, qui ont été remplacés par une simple cartouchière et le ceinturon noir.

Dans la cavalerie de ligne et légère, la gi-

berne subsiste encore, c'est un coffret fort gênant qui, par le frottement, use les habits des
cavaliers, et dans lequel il leur est très-difficile
de prendre la cartouche.

Ne pourrait-on remplacer la giberne, effet
incommode *qui doit avoir fini son temps*, par
une légère cartouchière dans le genre de celle
qui est en service dans la cavalerie de réserve?
Le nécessaire d'armes, que l'on place maintenant dans la trousse, serait mis dans la cartouchière, qui serait attachée à la selle; quand le
cavalier ferait un service à pied, il la place-
rait à son ceinturon, en l'assujettissant par un
crochet ou par une petite courroie.

La giberne étant supprimée, le porte-giberne le serait également. Le cavalier ne serait
donc plus astreint à blanchir cette large bande-
rolle et à en nettoyer les cuivreries. Les ordinaires bénéficieraient de la dépense du blanc
que l'on emploie chaque jour pour cette buf-
fleterie, dont la suppression aurait encore l'a-
vantage d'alléger un peu le poids considérable
que porte le cheval de troupe.

Les effets de propreté de l'homme sont fort
nombreux, et les cavaliers parviennent diffici-

lement à bien placer toutes les brosses et boîtes qu'ils ont chacun, non compris les effets de pansage.

Il serait facile de diminuer le nombre de ces objets et de les caser convenablement.

Les brosses à décrotter et à cirage sont d'habitude réunies et placées dos à dos; on pourrait réunir ainsi les brosses à lustrer et à habit.

Les boîtes à cirage, à graisse et à tripoli, devraient être supprimées, et leurs divers récipients seraient contenus dans un *nécessaire* en tôle légère dont les angles seraient un peu arrondis.

Le nécessaire d'armes et le tire-balle étant placés dans la cartouchière, la trousse pourrait être supprimée, et les ciseaux, le fil, et autres menus objets qu'elle renferme seraient placés dans le nécessaire du cavalier.

La longueur du nécessaire serait de 20 centimètres, sur 8 de large et 5 de profondeur; il serait divisé dans toute sa longueur (voir le plan) en deux parties, dont la plus petite aurait 3 centimètres de largeur, et renferme-

PLAN
du Nécessaire du Cavalier et des Objets qu'il renferme.

Couvercle

du

Nécessaire du Cavalier.

Légende

Longueur du nécessaire 0.20 centimètres
Largeur   id   0.08   id
Profondeur id   0.05   id
Chacun des cinq petits compartiments a
un couvercle indépendamment du cou-
vercle du nécessaire.

Patience profil

Paire de ciseaux profil

Brosse à graisse vue de profil

Brosse à boutons vue de profil.

Compartiments pour fil, aiguilles et boutons.	Place de la brosse à tête et de la glace du Cavalier	Tripoli	Graisse	Compartiment pour le Cirage
0.03 cent.^{res} carrés	Longueur 0^m 06 : Largeur 0^m 03^c	L^r 0.03 Larg 0?	pour les armes. Long. 0^m 05^c Larg 0^m 03^c	Longueur 0^m 05^c Largeur 0^m 04

rait la patience, la paire de ciseaux, la brosse à boutons et la brosse à graisse.

Le plus large compartiment du nécessaire aurait 5 centimètres : il serait subdivisé dans sa longueur en cinq petites cases, savoir :

1er compartiment destiné à recevoir le cirage ; 2e, la graisse pour les armes ; 3e, le tripoli ; 4e, la brosse à tête et la petite glace du cavalier ; le 5e servirait à placer les petits objets qui sont dans la trousse : fil, aiguilles, boutons, etc.

Chaque compartiment aurait un petit couvercle, afin que les différents ingrédients contenus dans la boîte ne puissent se perdre ou se mélanger. Il y aurait en outre une feuille de tôle de la dimension du nécessaire pour le recouvrir dans son entier.

Les différentes boîtes en fer-blanc et les petites brosses ne risqueraient plus de se perdre, étant réunies dans le nécessaire, qui aurait de plus l'avantage de remplacer la trousse.

Ce mode de caser tous les menus objets donnerait aux cavaliers la facilité de faire promptement un bon paquetage, ce qui est fort important dans la cavalerie.

Lorsqu'un régiment serait appelé à entrer

en campagne, on devrait donner une paire de souliers à chaque cavalier, lui retirer ses bottines et les verser en magasin, ainsi que sa troisième chemise et son étrille; ce qui diminuerait de plus de **2** kilos le poids que porte chaque cheval.

En Afrique, lorsque les soldats d'infanterie partent en expédition, ils n'emportent que les choses les plus indispensables, et se chargent le moins possible.

Dans la cavalerie, on devrait supprimer, en entrant en campagne, tous les effets qui, n'étant pas rigoureusement nécessaires, surchargent le cheval, dont la vitesse augmente en raison inverse du poids qu'il porte.

On ne doit jamais perdre de vue que la *vitesse* est la première condition pour la cavalerie.

Le cavalier arabe, lorsqu'il part en expédition, n'emporte aucun objet inutile, qui sans raison charge le cheval; il n'a pas, comme nos cavaliers, deux musettes, dont l'une contient des effets de pansage, et l'autre une douzaine de brosses ou de boîtes; aussi lui suffit-il d'un

instant pour seller, brider et monter à cheval.
Quant à la distance que parcourt le cavalier
arabe, il faut, pour en avoir une idée, lire l'ouvrage remarquable de **M.** le général Daumas :
Les chevaux du Sahara.

CHAPITRE XVIII.

Les uniformes des différentes armes de la cavalerie sont fort coquets, mais on ne devrait pas oublier qu'il faut, en campagne, des vêtements larges et commodes.

Lorsque le chasseur ou le hussard a son spencer ou son dolman, souvent étroit et rembourré, il ne lui est pas facile de bien épauler son mousqueton pour ajuster et faire feu. Le pantalon est parfois un peu juste et gêne l'homme lorsqu'il se baisse. Il serait possible de donner un peu plus d'ampleur aux vêtements des cavaliers sans en détruire l'élégance.

Les cavaliers portent le matin la veste d'écurie, qui leur sert en outre à aller en corvée; ils la retournent lorsqu'ils vont aux distributions de fourrage, afin d'éviter le frottement, sur le drap, de la trousse de paille ou de foin ; mais durant ces pénibles corvées, ils font quelquefois des mouvements trop brusques qui détériorent ou déchirent cet effet.

Tous les régiments de cavalerie, en Afrique, ont adopté la blouse en toile grise pour les diverses corvées et le pansage.

Si l'on donnait la blouse à tous les cavaliers, la durée de la veste pourrait être augmentée facilement et, de cette façon, l'État se couvrirait de la dépense occasionnée par la blouse qui est le meilleur vêtement pour les cavaliers lorsqu'ils vont en corvée.

En route, la blouse serait roulée avec le sac à distribution, et placée sur le devant de la selle. On continuerait à mettre la veste dans la petite besace, ou bien, avant le départ de la garnison, ces effets seraient réunis dans chaque escadron pour en former des ballots qui seraient envoyés à la nouvelle destination. En campagne, il serait inutile d'emporter la veste, dont le poids ne servirait qu'à surcharger le cheval.

Dans l'arme des chasseurs, particulièrement, la coiffure a subi de nombreux changements depuis une quinzaine d'années. Ces cavaliers portaient, en 1843, un grand shako orné par derrière d'un couvre-nuque en veau ciré ; on leur donna le colback sans flamme, puis, en 1849, on les gratifia d'un nouveau shako plus petit que l'ancien, et n'ayant pas de couvre-nuque. Aujourd'hui, ils portent le talpack en peau d'agneau.

Toutes ces coiffures élégantes et riches sont plus coûteuses et plus embarrassantes que le modeste képi des chasseurs d'Afrique, qui est léger, très-commode et convient parfaitement à des troupes de cavalerie légère. On roule autour de ce képi un morceau d'étoffe blanche qui, l'été, peut se déployer pour garantir du soleil la nuque du cavalier lorsqu'il est en marche.

Pour la petite tenue, la casquette a remplacé le fameux bonnet de police qui ne devait point s'attendre à être ainsi mis de côté, après avoir fait le tour de l'Europe, porté fièrement sur la ête de nos vieux *grognards* de l'Empire.

Le soldat aimait son bonnet de police qu'il plaçait un peu sur l'oreille, et il est certain qu'il reprendrait avec plaisir cette coiffure coquette, que nous avons-portée, qu'affectionnaient nos pères et que plusieurs gardaient précieusement lorsqu'ils étaient de retour au village.

Dans quelques chaumières, le bonnet de police et les épaulettes en laine sont appendues à la muraille, et représentent les *titres de noblesse* de nos vétérans de la *grande armée* ; titres dont ils doivent être fiers, car presque tous ont gagné leurs épaulettes de grenadier ou de voltigeur sur le champ de bataille et au prix de leur sang.

Le cavalier plaçait en route son bonnet de police sur la poitrine, la houpette passant à l'extérieur ; cet effet se mettait aussi, avec la veste, dans la petite besace et ne risquait pas de se détériorer. Quant à la casquette actuelle, il est presque impossible de la placer dans le paquetage, sans la froisser, et sans en rompre la visière.

Depuis l'introduction de la casquette, on a donné aux cavaliers une calotte en drap pour les corvées et le pansage ; dans plusieurs régiments, cet effet est en drap gris de manteau et fort laid. On pourrait, je crois, *comme dans certains corps*, confectionner les calottes avec du drap d'habits ou de vestes dont la durée est terminée, et les orner d'un turban rouge et de lisérés de même couleur.

Le soldat français est coquet, et une coiffure gracieuse flatte toujours son amour-propre.

Le col subsiste encore, quoiqu'il soit reconnu que par sa roideur, il est fort gênant; quand sera-t-il donc remplacé, dans l'armée, par la simple cravate dont l'usage est très-commode et adopté par toutes les troupes d'Afrique?

Les spahis indigènes ont pour coiffure une calotte en feutre gris recouverte d'une calotte rouge entourée plusieurs fois d'une longue corde en poil de chameau. Leur cou est préservé des rayons du soleil par un haïc blanc. Ils ont pour costume : la veste brodée, le gilet, le large pantalon à plis et à coulisse, la botte molle en maroquin rouge, et par dessus ces vêtements deux longs burnous (l'un blanc et l'autre rouge) qui produisent un effet charmant en flottant en arrière lorsque ces cavaliers lancent leurs chevaux à un galop allongé.

La tête et la nuque des cavaliers arabes sont soigneusement garanties de l'ardeur du soleil,

et jamais leur cou ne fut emprisonné par le col,
ce moderne instrument de torture. En un mot,
la tenue des indigènes ne comprime nullement
leurs mouvements, et les larges vêtements de
ces cavaliers me paraissent excellents pour faire
campagne.

CHAPITRE XIX.

La lance peut être regardée comme l'arme primitive de la cavalerie ; les peuples les plus belliqueux de l'antiquité s'en servaient ainsi que les Grecs et les Romains ; elle fut également la principale arme des chevaliers du moyen âge.

Les lanciers polonais acquirent une très-grande réputation en combattant pour la France dans les armées de l'Empereur Napoléon I<er>.

A la rentrée des Bourbons, les régiments de lanciers furent supprimés ; si ce fut parce qu'ils s'étaient distingués en maniant leur arme, *c'était rendre hommage à la lance.*

Sous la Restauration on arma de lances un ou

deux escadrons de chasseurs dans chacun de ces régiments. La France compte maintenant un régiment de lanciers de la garde et huit de la ligne.

La lance est redoutable au fantassin, car elle frappe de plus loin que le sabre, et c'est surtout contre des troupes en déroute qu'elle peut rendre de grands services en atteignant les fuyards.

On pourrait essayer d'armer de nouveau de lances un escadron par régiment de chasseurs et de hussards. Les cavaliers de cet escadron armé de lances n'auraient plus le mousqueton; les hommes et les chevaux seraient choisis parmi les plus forts et les plus grands de chaque régiment. Cet escadron n'aurait d'autre privilége que l'honneur de charger en tête de colonne contre l'infanterie, si le régiment était appelé à fournir une charge en colonne.

Dans l'arme des dragons, on pourrait donner la lance aux cavaliers d'un escadron et leur retirer le fusil.

Si l'on jugeait utile d'armer de lances un escadron, dans chaque régiment de cavalerie légère et de dragons, il serait rationnel, *dans chaque régiment de lanciers*, de retirer la lance aux cavaliers d'un escadron pour les armer du fusil et les exercer spécialement au service de la cavalerie légère.

Les régiments de cavalerie légère et de ligne possédant deux armes différentes pourraient remplir en campagne les divers services auxquels ils seraient appelés.

Le sabre étant très-portatif et facile à manier aux allures vives, est l'arme *indispensable* à tout cavalier.

La lame du sabre affecté à la cavalerie légère est un peu courbe et trop lourde ; il serait préférable qu'elle n'ait que le poids de la lame de sabre des officiers de cette arme. Il serait peut-être bon de donner le sabre droit à tous les cavaliers qui seraient alors spécialement exercés à se servir de la pointe dont les blessures sont toujours très-graves, tandis que les coups de taille sont généralement moins dangereux.

Le mousqueton en service dans la cavalerie légère est une arme très-courte dont le tir est peu certain. Quand le cavalier est à cheval et qu'il exécute les feux, le bout du mousqueton ne dépasse point la tête du cheval, et le bruit de la détonation l'effraie ; aussi est-il craintif et ne cesse-t-il de se tracasser pendant les feux.

Le fusil de dragon dont sont armés les chasseurs d'Afrique et les spahis a le canon beaucoup plus long que celui du mousqueton; il n'effraie donc pas autant le cheval pendant les feux, et le cavalier maladroit ne risque pas de le blesser, ce qui peut arriver avec le mousqueton.

Le fusil est une arme fort utile lorsque les cavaliers sont appelés à combattre à pied pour défendre un défilé ou le passage d'une rivière.

Il serait à désirer que l'on supprimât le mousqueton, et que l'on armât de fusils toute la cavalerie légère, car, en campagne, le fusil peut servir de montant pour dresser au bivouac les tentes-abris des cavaliers.

Le pistolet est la véritable arme à feu de l'homme à cheval qui peut l'employer fort utilement s'il a soin de tirer d'assez près.

Les armes défensives couvraient autrefois le corps de nos chevaliers; elles sont réduites aujourd'hui au casque en cuivre pour les dragons, à la cuirasse et au casque en tôle d'acier pour les cuirassiers.

La cuirasse se divise en deux parties : le plastron du poids de six à sept kilogrammes qui est bombé et à l'épreuve de la balle de l'ancien fusil à 40 mètres ; le dos, qui se place sur la partie du corps de ce nom, est fixé au plastron par deux épaulettes garnies de chaînettes de cuivre et par une courroie de ceinture.

Une paire de cuirasses bien ajustées ne fatiguent pas le cavalier malgré leur poids, et il serait possible de les rendre plus légères en employant de la matière de première qualité et en martelant beaucoup plus la tôle.

Les gants à la crispin sont très-bons pour garantir l'avant-bras du cavalier, et sont le privilége exclusif de la cavalerie de réserve. Pouquoi ne les donnerait-on pas à la cavalerie de ligne et légère dont les hommes sont appelés à combattre isolément et ont aussi besoin que les cuirassiers d'avoir les bras garantis contre les coups de sabre que leur portent leurs adversaires.

Les cavaliers arabes sont armés d'un très-long fusil à petit calibre (moukela) dont ils se servent dans les combats ou dans leurs *fantasias*.

La plupart de ces cavaliers sont très-adroits, et leurs balles atteignent souvent le but, lors même que leurs chevaux sont lancés au galop le plus vite [1].

------

[1] La portée des fusils arabes n'est que de 400 à 500 mètres au plus ; leur tir à une longue distance est bien inférieur à celui de nos chasseurs à pied.

Après la prise de Tuggourt, en décembre 1854, M. le général Desvaux, commandant la colonne expéditionnaire, fit une tournée dans le *Souf* ; comme il était désireux de prouver aux nombreux indigènes qui étaient rassemblés auprès de notre camp la supériorité de nos fusils sur leurs longs *moukelas*, il profita d'un séjour devant la ville d'El-Oued pour engager leurs meilleurs tireurs à lutter d'adresse avec quelques grenadiers et voltigeurs armés du fusil à tige et à hausse.

A 200 mètres, le tir des indigènes fut très-bon, à 400 mètres peu de leurs balles atteignirent la cible, tandis que celles de nos tireurs la touchèrent.

La distance ayant été fixée à 800 mètres, les tireurs arabes, reconnurent l'infériorité de leur *moukela* et ne voulurent pas entrer en lice ; cependant ils applaudirent franchement au deuxième tireur français dont la balle atteignit la cible.

Des courses de chameaux et des distributions de prix terminèrent cette belle journée, dont le souvenir vivra longtemps parmi les indigènes qui assistaient à cette fête.

Les Arabes ont une paire de grands pistolets qu'ils placent à la ceinture ou dans un porte-pistolet. Leur sabre est maintenu par des courroies ou des lanières après la selle, mais ils ne se servent que rarement de cette arme. Tous les Arabes ont habituellement à leur ceinture un long couteau bien affilé.

CHAPITRE XX.

—

La commission chargée en 1829 de reviser *l'ordonnance provisoire du 1er vendémiaire an XIII sur l'exercice et les mouvements de la cavalerie* a supprimé le travail en couverte *comme inutile et peu profitable au cavalier :* elle a donc simplifié l'instruction de l'homme de recrue, mais ne serait-il pas possible de la simplifier encore ?

Les deux premières leçons de l'école du ca-

---

[1] Lorsque j'ai écrit ce chapitre, il n'était pas question du travail individuel, qui est un progrès immense, surtout pour la cavalerie légère.

7

valier à cheval sont employées à lui enseigner les moyens de conduire son cheval en bridon. Lorsqu'à la troisième leçon il prend la bride, il doit, ainsi que l'indique la théorie, employer moins de force pour conduire son cheval. « *L'effet du mors* étant plus fort que celui du « bridon, c'est une raison de plus d'agir avec « progression, surtout pour arrêter et reculer. » Il en résulte que le travail en bridon n'a pas initié le cavalier au travail en bride, mais au contraire a pu lui donner *une main très-dure*, défaut très-grand pour un cavalier.

Est-il nécessaire de faire monter en bridon pendant soixante leçons un homme de recrue, ce qui fait, à raison de cinq leçons par semaine, une somme de temps de près de trois mois? Temps précieux qui, au lieu de servir à l'instruction du cavalier, ne lui a été que préjudiciable, en lui donnant l'habitude de tirer fortement sur les rênes du bridon pour arrêter son cheval ou le faire tourner à droite et à gauche.

Ce n'est qu'à la deuxième partie de la deuxième leçon que le cavalier commence à prendre les étriers. Pendant quarante leçons, l'homme de recrue a trotté sans étriers, ce qui l'a fatigué, et ne lui a certainement pas inspiré *l'amour du cheval.*

Pour quelques cavaliers la privation des étriers constitue une véritable souffrance ; il est plus pénible à un commençant de monter à cheval sur une selle sans étriers que de monter en couverte ; cependant « *la Commission a sup-* « *primé le travail en couverte comme inutile et* « *peu profitable au cavalier.* » Je fais égale- « ment observer que : « *la Commission a sup-* « *primé le travail circulaire de la première leçon* « *comme étant une des difficultés de l'équitation* « *que l'on ne doit aborder qu'après avoir beau-* « *coup travaillé sur des lignes droites, etc.*

Elle ajoute : « *Sans parler des infirmités que* « *les hommes peuvent y contracter, combien n'en* « *voit-on pas qui, soumis à ce pénible exercice* « *avant d'avoir pu s'habituer graduellement au* « *mouvement du cheval, ont pris dès les premiers* « *jours une position forcée que jamais dans la* « *suite on n'a pu leur faire perdre.* »

Les observations judicieuses de la commis-sion, relativement à la marche circulaire de la première leçon, peuvent s'appliquer *en partie,* à la privation des étriers au commencement de l'instruction de l'homme de recrue.

S'il est utile, pour donner plus de confiance à cheval aux cavaliers, de les faire travailler sans étriers, il est facile de classer cette instruction à la fin de la troisième leçon ou au commencement de la quatrième. Les cavaliers sont alors familiarisés avec l'exercice du cheval, et ils ont acquis l'habitude nécessaire pour le bien diriger.

Afin de simplifier l'instruction à cheval des cavaliers de recrue, je crois qu'il serait rationnel de supprimer des deux premières leçons les détails qui se rapportent au bridon. On pourrait établir une nouvelle progression se rapprochant de l'ancienne, mais augmentée de mouvements individuels dans le travail en liberté, de marches et de charges sur des terrains accidentés ; enfin on terminerait la quatrième leçon par le passage des rivières, et par des leçons pratiques pour bivouaquer et camper.

On pourrait établir ainsi la progression :

PREMIÈRE LEÇON.

—

PREMIÈRE PARTIE. — 8 LEÇONS [1].

Pendant les premières leçons, l'instructeur ne devra point se montrer exigeant pour la position de la main de la bride et la position du pied dans l'étrier. Tous ses efforts devront tendre à bien placer à cheval les hommes de recrue, auxquels il donnera, pendant les deux premières leçons, des chevaux dociles et n'ayant pas la bouche trop fine.

Les cavaliers seront en bottes sans éperons.

> Amener son cheval sur le terrain.
> Position du cavalier avant de monter à cheval.
> Monter à cheval.
> Position du cavalier à cheval.

---

[1] La première partie de la première leçon de l'ordonnance est de cinq leçons, mais les cavaliers devant conserver les étriers et prendre de suite la bride, il est indispensable de porter à huit leçons ce qui doit être enseigné dans cette première partie, dont (*sauf les modifications nécessitées par la bride*) tous les mouvements se feront comme il est prescrit à la première partie de la première leçon de l'école du cavalier à cheval.

Tête à droite, tête à gauche.
Longueur des étriers.
Position du pied dans l'étrier.
Position de la main de la bride.
Ajustez les rênes.
Prendre le filet de la main droite.
Lâchez le filet.
Des mouvements principaux de la main de la
 bride.
De l'usage des rênes.
De l'usage des jambes.
De l'effet des rênes et des jambes.
Marcher.
Arrêter.
A droite, à gauche.
Demi-tour à droite, demi-tour à gauche.
Quart d'à-droite, quart d'à-gauche.
Reculer et cesser de reculer.
Mettre pied à terre.
Défiler.

PREMIÈRE LEÇON.

DEUXIÈME PARTIE. — 8 LEÇONS [1].

L'instructeur devra veiller à la position de

[1] D'après l'ordonnance, la 2ᵉ partie de la 2ᵉ leçon
est en quinze leçons ; mais, comme il est plus facile de

la main de la bride et à la position du pied dans l'étrier ; il se conformera, du reste, à ce qui est prescrit à la deuxième partie de la première leçon et à la première partie de la troisième leçon concernant la bride.

> Marcher à main droite, marcher à main gauche.
> Tourner à droite, tourner à gauche en marchant.
> Arrêter et repartir.
> Passer du pas au trot et du trot au pas.
> Changement de main.
> Ajuster les rênes en marchant.
> A droite, à gauche, par cavalier en marchant.
> Demi-tour à droite ou demi-tour à gauche, par cavalier en marchant à la même hauteur.
> Demi-tour à droite ou demi-tour à gauche par cavalier en marchant en colonne.

DEUXIÈME LEÇON.

—

PREMIÈRE PARTIE. — 12 LEÇONS.

L'instructeur veille de plus en plus à la position du corps et de la main de la bride ; il re-

---

conduire son cheval avec la bride qu'avec le bridon, on peut réduire à huit le nombre des leçons de la 2ᵉ partie de la 1ʳᵉ leçon.

commande aux cavaliers de ne point se servir avec trop de force de la main de la bride, et d'employer les jambes pour faire tourner leurs chevaux à droite et à gauche.

Les cavaliers ont des bottes avec éperons.

> De l'éperon.
>
> Marcher à main droite ou à main gauche.
>
> Passer du pas au trot et du trot au pas.
>
> Changement de direction dans la largeur du manége.
>
> Changement de direction dans la longueur du manége.
>
> Changement de direction diagonale.
>
> Changement de direction oblique par cavalier.
>
> Marche circulaire.
>
> Changement de main sur le cercle.
>
> Passer du trot au grand trot et du grand trot au trot.
>
> Passer du trot au galop.

DEUXIÈME LEÇON.

DEUXIÈME PARTIE. — 12 LEÇONS.

L'instructeur devra veiller à la régularité des mouvements. Après le repos, il fera exécuter, pendant un quart d'heure, par les cavaliers, le travail individuel à volonté. Pendant le repos, il fera sauter à terre et à cheval.

> A droite, à gauche, par cavalier en marchant.
> Demi-tour à droite et demi-tour à gauche, les cavaliers marchant à la même hauteur.
> Demi-tour à droite et demi-tour à gauche, les cavaliers marchant en colonne.
> Passer successivement de la tête à la queue de la colonne.
> Demi-volte individuelle.
> Volte individuelle.
> Étant de pied ferme, partir au trot.
> Marchant au trot, arrêter.
> Appuyer à droite ou à gauche, la tête au mur.
> Appuyer à droite ou à gauche étant en colonne.
> Principes du galop.
> Travail au galop sur des lignes droites.
> Travail au galop en cercle.

TROISIÈME LEÇON.

PREMIÈRE PARTIE. — 15 LEÇONS.

L'instructeur continuera à faire travailler en liberté ; les cavaliers feront des mouvements au galop ; il veillera de plus en plus à ce qu'ils se servent des jambes.

Répéter les mouvements de la 2ᵉ leçon avec le sabre seulement.

Maniement des armes de pied ferme.

Charger le fusil ou le mousqueton.

Charger le pistolet.

Feux du fusil ou du mousqueton.

Feux du pistolet.

Inspection des armes.

Exercice du sabre et de la lance de pied ferme.

TROISIÈME LEÇON.

DEUXIÈME PARTIE. — 15 LEÇONS.

Les chevaux seront chargés. L'instructeur veillera à ce que le poids des armes ne dérange pas la position du corps.

Travail de la 2ᵉ leçon avec toutes les armes.

Maniement des armes en marchant.

Exercice du sabre et de la lance à toutes les allures.

Saut du fossé et de la barrière.

Charge individuelle.

Tir à la cible.

QUATRIÈME LEÇON.

—

Pour donner de l'assiette aux cavaliers, on les exercera à monter à cheval sans étriers, et l'instructeur leur fera répéter les mouvements de la 2ᵉ leçon ; ils n'auront pas d'armes.

—

DEUXIÈME PARTIE. — 10 LEÇONS.

Les cavaliers auront leurs armes, et ils seront exercés, à la deuxième reprise, à placer leurs chevaux au bivouac, l'instructeur devra les envoyer en reconnaissance.

> Marcher en colonne sur des terrains accidentés.
> Travail en liberté à toutes les allures.
> Charge individuelle sur des terrains difficiles.
> Passage de rivières.

Si on supprimait le travail en bridon, on pourrait établir ainsi la récapitulation du temps nécessaire pour instruire un cavalier jusqu'à l'école du peloton exclusivement :

Nombre de leçons d'après l'ordonnance.   *Nombre de leçons en supprimant le bridon.*

1re LEÇON. { 1re partie. - 5 leçons.. / 2e id. 15 id... } 20 || 1re partie.— 8 leçons... / 2e id. 8 id.... } 16

2e LEÇON. { 1re partie.—20 id... / 2e id. 20 id... } 40 || 1re partie.—12 id.... / 2e id. 12 id.... } 24

3e LEÇON. { 1re partie.—15 id... / 2e id. 15 id... } 30 || 1re partie.—15 id... / 2e id. 15 id.... } 30

4e LEÇON. { 1re partie —15 id.. / 2e id. 15 id... } 30 || 1re partie.—10 id.... / 2e id. 10 id.... } 20

TOTAL..... 120 || TOTAL..... 90

Différence en moins en supprimant le bridon.

1re Leçon................. 4
2e id................. 16
3e id................. »
4e id................. 10

TOTAL......... 30

En suivant les prescriptions de l'ordonnance, le cavalier passe à l'école de peloton après un travail à l'école du cavalier de 120 leçons dont 60 en bridon.

En supprimant le travail en bridon, les hommes de recrue pourraient être admis à l'école de peloton au bout de 90 leçons, ce qui ferait trente leçons de moins que d'après l'ordonnance, soit six semaines de temps environ.

Il paraît fort difficile de simplifier l'école de peloton et d'escadron, mais si le travail d'ensemble est indispensable à la cavalerie de réserve et de ligne, il est peut-être moins nécessaire à la cavalerie légère, qui, avant tout, est destinée à briller par sa mobilité et sa rapidité.

Il faut qu'un chasseur ou un hussard sache éclairer la marche d'une colonne, surprendre des courriers et combattre isolément ; en un mot, il doit compter sur lui seul, franchir les obstacles et parfois être téméraire.

Les spahis arabes, accoutumés dès l'enfance à monter à cheval en liberté, partent isolément et voyagent par tous les temps sans s'inquiéter des chemins ; ils chargent souvent sur des terrains accidentés où il serait impossible à des cavaliers français de galoper sans danger.

Lorsqu'un spahis est à cheval, il ne craint

point la fatigue, il marche de jour, il marche de nuit, il fait trente ou trente-cinq lieues dans une journée, et le lendemain l'homme et le cheval peuvent encore recommencer une course aussi longue.

CHAPITRE XXI.

—

Pendant les loisirs d'un bivouac, lors de la dernière expédition en Kabylie, M. le sous-lieutenant Ismaël-ben-Mustapha, fils d'un officier indigène, tué en combattant pour la France, m'exprima le plaisir qu'il éprouverait si l'on formait un jour un escadron de spahis de la garde, toutes les armes y étant déjà représentées.

Cet officier indigène, fort distingué, ajouta que les Mamelucks, ayant eu jadis l'honneur de faire partie de la garde de Sa Majesté l'Empereur Napoléon Ier, les spahis seraient très-flattés d'être appelés à succéder à ces anciens

cavaliers d'Égypte, si renommés pour leur fidé-
lité et leur culte pour le grand homme.

Dans une expansive causerie, M. Ismaël
m'assura qu'il désirait beaucoup passer quelques années en France, où il est allé déjà
étant enfant. Il dit, en outre, que plusieurs indigènes, fils de chefs de grandes tentes ou de
familles riches, s'empresseraient de se faire
porter pour la garde, afin d'avoir l'honneur
d'escorter Sa Majesté l'Empereur et de servir
directement sous ses ordres.

Je ne veux point me permettre des commen-
taires oiseux, mais il est certain qu'un escadron de spahis montés sur leurs chevaux à
tous crins remplacerait avantageusement les
Mamelucks de la garde [1].

Si la formation d'un escadron des spahis de
la garde était décrétée, chaque province de
l'Algérie serait appelée à y envoyer son contin-
gent, et les sous-officiers et cavaliers indigènes
pourraient servir en France pendant trois ans,

---

[1] Les Mamelucks passaient pour excellents et hardis
cavaliers, cependant nos cavaliers indigènes de l'Algérie
leur sont peut-être encore supérieurs.

en sorte que le tiers de l'effectif de l'escadron serait renouvelé chaque année. Ces cavaliers arabes, résidant en France, finiraient par admirer et comprendre nos arts, notre industrie et nos progrès en agriculture ; ils prendraient peu à peu nos usages, et, en retournant en Afrique, ils apporteraient dans leurs douairs des germes précieux de civilisation.

La création d'une cavalerie indigène fut une nécessité de la guerre d'Afrique, car, dès les premières années de nos conquêtes en Algérie, on sentit le besoin d'avoir des cavaliers du pays pour guider nos colonnes et lutter de ruse contre les Arabes insoumis, nos ennemis acharnés et vigilants ; c'est alors qu'on forma quelques escadrons de gendarmes maures, qui plus tard servirent de noyau aux 24 escadrons de spahis commandés par M. le colonel Yusuf, aujourd'hui général de division.

En 1845, les escadrons de spahis furent organisés en trois régiments, dont un fut placé dans chacune des trois provinces.

Sans avoir la prétention de faire ici l'historique des spahis, je dois dire qu'ils se sont trouvés à toutes les grandes affaires et qu'ils ne furent point avares de leur sang ; les officiers surtout payèrent noblement de leur personne.

Les spahis étaient à la bataille d'Isly, aux siéges de Constantine, de Zaatcha, de Laghouat, et ils firent partie de toutes les expéditions importantes en Kabylie et dans le sud. Les spahis sénégalais ont inscrit plusieurs belles pages sur leurs étendards, et ont conquis une vaste province à la France.

Plus que toutes les autres armes, les spahis ont seuls pris part à une foule de petits combats qui ont contribué puissamment à asseoir notre domination en Algérie, et aujourd'hui encore, ils rendent les plus grands services comme escortes, guides ou courriers, et ils tiennent généralement garnison dans les postes les plus avancés de nos possessions d'Afrique.

Il est à regretter que les spahis n'aient pas eu l'honneur de faire cette immortelle campagne d'Italie, où ils eussent prouvé comme leurs frères, les tirailleurs indigènes, qu'ils étaient dignes de combattre pour la France.

Les spahis s'honorent d'avoir été commandés par de brillants chefs, dont plusieurs sont aujourd'hui généraux.

Ont servi dans l'arme des spahis :

MM. les généraux Marey-Monge, d'Allonville, Valzin-Esthérazi, Cousin-Montauban, Yusuf, Gastu, Desvaux, Bouscarin, blessé mortellement au siége de Laghouat, de Mirebeck, de Fenabouc, Boyer de Forton, Durrieu, comte de Lauër et Fleury, aide de camp et premier écuyer de Sa Majesté l'Empereur Napoléon.

Ces noms, et j'en oublie sans doute, témoignent assez en faveur des spahis, qui seraient fiers d'obtenir l'honneur d'être représentés dans la garde pour prix de leur sang et de leur dévouement à la France.

CHAPITRE XXII.

—

DE LA CRÉATION D'ESCADRONS D'ÉCLAIREURS, DONT UN SERAIT ATTACHÉ, EN CAMPAGNE, A CHAQUE DIVISION D'INFANTERIE.

Si le rôle de la cavalerie est devenu secondaire depuis le perfectionnement des armes à feu et la justesse du tir de l'infanterie, il n'en est pas moins encore fort important.

La cavalerie est indispensable à une armée et même à une petite colonne, car elle éclaire la marche en faisant des reconnaissances lointaines ; elle couvre les flancs, et charge sur les bataillons ennemis lorsqu'il y a du désordre ; enfin elle complète la victoire en sabrant les fuyards et en faisant de nombreux prisonniers.

En campagne, les régiments de cavalerie étant presque toujours réunis par brigades ou par divisions, il serait peut-être nécessaire d'attacher à chaque division d'infanterie un escadron d'éclaireurs commandé par un capitaine commandant, alerte, vigoureux, et connaissant par la pratique le service de la cavalerie légère en campagne. Cet officier ne recevrait d'ordres que du général de division dont il relèverait.

Les éclaireurs seraient montés sur des chevaux robustes, petits et légers à la course ; les petits chevaux sont en général plus adroits que les grands, et ils peuvent passer par des sentiers impraticables à beaucoup de grands chevaux de cavalerie, plutôt créés pour galoper dans la plaine que pour charger sur des terrains accidentés.

On choisirait les éclaireurs parmi les cavaliers ayant au moins deux ans de service ; ils devraient être adroits, rusés et confiants dans la vitesse et la bonté de leurs chevaux.

Les officiers d'éclaireurs joindraient la prudence à l'audace ; ils éviteraient toute attaque sérieuse pouvant compromettre leur troupe ; ils s'écarteraient des chemins fréquentés, et se cacheraient dans des bois ou des fourrés afin d'observer les mouvements de l'ennemi ; ils tomberaient à l'improviste sur ses convois, surprendraient ses postes avancés et s'empareraient des courriers, des traînards et des malades.

Ils mettraient à profit les nuits obscures, pour pénétrer dans les camps des troupes ennemies; ils les fatigueraient en les tenant en éveil par des attaques simulées et par des coups de feu tirés sur leur camp.

Quatre ou cinq escadrons d'éclaireurs, commandés par des capitaines entreprenants qui agiraient librement sur divers points, inquiéteraient beaucoup plus l'armée ennemie que des régiments de cavalerie.

On armerait les éclaireurs de carabines à peu près semblables à celles des chasseurs à pied de France, mais plus légères et se chargeant par la culasse. Les cavaliers exercés spécialement au tir mettraient pied à terre dans les moments opportuns et s'embusqueraient derrière des arbres ou des rochers, d'où ils feraient de loin, avec leurs armes de précision, beaucoup de mal à l'ennemi sans être exposés à ses coups; s'ils étaient attaqués par des forces trop supérieures, ils monteraient lestement à cheval et se retireraient, quitte à s'embusquer plus loin et à recommencer de nouveau le feu.

Le sabre, étant un embarras pour le cavalier lorsqu'il veut marcher rapidement à pied, serait attaché à la selle par des courroies de porte-sabre, comme cela se fait aux spahis.

Les éclaireurs auraient à la ceinture un pistolet double à petit calibre ; ils porteraient également un solide poignard dont ils pourraient faire un terrible usage dans des surprises de nuit.

Le costume des éclaireurs serait simple, commode et peu voyant. Les buffleteries blanches des cavaliers, qui servent d'habitude de point de mire à l'ennemi, seraient remplacées par un ceinturon et une cartouchière en cuir noir.

Les chevaux gris clair s'apercevant de fort loin ne seraient pas admis dans les escadrons d'éclaireurs.

Les éclaireurs ne manqueraient jamais de placer en vedette des hommes vigilants, afin d'éviter toute surprise ; mais s'il leur arrivait d'être cernés par des troupes ennemies, ils ne devraient pas hésiter à se frayer un passage en chargeant vigoureusement.

Les cavaliers arabes ayant toute confiance dans l'adresse de leurs chevaux, habitués à courir sur des terrains très-accidentés, passent par des endroits impraticables à la cavalerie d'Europe. Les cavaliers français leur sont sans doute supérieurs en courage ; mais leurs montures sont moins adroites que les coursiers barbes, parce qu'elles ne marchent que sur des routes ou des terrains unis.

Il serait facile de créer cinq à six escadrons d'éclaireurs, et d'exercer les cavaliers et les chevaux à ce service spécial.

L'effectif de chacun de ces escadrons serait de cent hommes en temps de paix ; mais il pourrait être augmenté pour les escadrons qui seraient appelés à entrer en campagne, en admettant dans leurs rangs des sous-officiers et cavaliers libérés du service, ou des jeunes gens courageux et jaloux de gagner quelque gloire en combattant pour la patrie.

Les volontaires ne seraient reçus qu'après avoir fait leurs preuves en équitation, et montré leur adresse au tir du fusil ; ils seraient entièrement soumis à la discipline militaire ; mais, après la campagne, ils auraient la liberté de rentrer dans la vie civile ou de rester dans l'armée en contractant alors un engagement ordinaire.

La jeunesse française aime la gloire, et, si la guerre éclatait, beaucoup de jeunes gens distingués demanderaient à servir dans un escadron d'éclaireurs, où leur courage, leur intelligence et leur adresse trouveraient chaque jour l'occasion d'être remarqués.

CHAPITRE XXIII.

—

DES MILITAIRES CONVALESCENTS ET DES FERMES RÉGI-
MENTAIRES [1].

Les cavaliers, principalement pendant les premiers mois de leur arrivée au corps, sont atteints de maladies plus ou moins graves qui nécessitent leur envoi à l'hôpital. Après un sé-

[1] J'ai communiqué cet article à M. le médecin-major Herman, chef du service de santé dans plusieurs expéditions en Kabylie. Cet habile praticien m'a félicité de mon idée sur la création de fermes régimentaires destinées aux militaires convalescents, et il m'a vivement conseillé de livrer cet article à la publicité.

Le médecin-major de notre régiment, M. Malakouski de Pietroveski, m'a donné les mêmes conseils que M. le docteur Herman. M. Emond, docteur en médecine, à Paris, a bien voulu lire cet article, et depuis plus d'un an il me prie de le faire imprimer.

— 123 —

jour parfois prolongé, ils en sortent dans un
état de faiblesse extrême, et MM. les médecins
régimentaires leur donnent pour convalescence
quatre ou six jours de repos.

Au bout de ce temps, les cavaliers, ne voulant
point passer pour des paresseux aux yeux de
leurs camarades, reprennent leur service, quoique souffrant encore, et bientôt ils font une re-
chute et retournent à l'hôpital [1]; alors MM. les
docteurs proposent ces hommes pour des congés
de convalescence, s'ils jugent qu'ils en ont
besoin pour se remettre entièrement.

Les militaires dont les familles sont un peu
aisées vont en convalescence, mais ceux dont
les parents sont dans la gêne et ne peuvent pas
nourrir et donner des soins à leur fils pendant
plusieurs mois ne demandent point de convalescence et refusent même le congé que
pourrait leur faire obtenir le médecin qui les
traite.

Afin de procurer aux militaires malades ou

----

[1] En avril 1858, M. le médecin-major Tierry de Mau-
gros, à qui j'ai lu cet article, m'a assuré que l'on pouvait
prouver par des chiffres ce que j'avance sur les rechutes
des jeunes soldats malades.

souffrants les bienfaits d'une convalescence, il y aurait possibilité, je crois, d'établir une ferme sur un terrain sec, un peu élevé et à quelques kilomètres de la garnison. On construirait sans de grands frais des bâtiments destinés à l'exploitation de cette ferme, et pouvant contenir en outre une vingtaine de convalescents.

Deux fois par mois MM. les médecins régimentaires passeraient la revue des hommes sortis des hôpitaux depuis peu, et ils enverraient les plus faibles en convalescence à la ferme pour y séjourner pendant un mois ou deux. L'air pur de la campagne et un exercice modéré ne tarderaient point à produire un salutaire effet sur la santé affaiblie de ces militaires.

La ferme devrait se composer de 25 à 30 hectares de terres environnantes ; un officier secondé par un sous-officier serait chargé de la direction de cet établissement. Un laboureur, un vigneron et un jardinier, choisis parmi les cavaliers du régiment, seraient détachés en permanence à la ferme.

Les cavaliers, en raison de leurs forces, pourraient être exercés à un travail journalier de deux à quatre heures qui serait pour eux un exercice bienfaisant, et pour l'établissement une source de prospérité.

L'ordinaire des convalescents serait amélioré par de bons légumes qu'un sol bien travaillé produirait abondamment.

Chacun des malades, *si telle était la prescription du docteur*, recevrait en outre à chaque repas une ration de vin (quart de litre), dont le prix d'achat ne coûterait rien à l'État, mais un peu de travail seulement au vigneron et aux convalescents.

Nous avons en France 76 départements possédant des vignobles dont l'importance est plus ou moins considérable, tant sous le rapport de la quantité que sous celui de la qualité des vins. Il n'y aurait donc qu'à faire cultiver la vigne dans chacune des fermes situées dans les contrées donnant des produits vinicoles.

Les départements du Calvados, des Côtes-du-Nord, de la Creuse, du Finistère, de la Manche, de l'Orne, du Pas-de-Calais, de la Seine-Inférieure et du Nord, sont les seuls qui n'ont point de vignobles sérieux. En échange ils produisent presque tous, du cidre, du poiré ou de la bière, boissons qui peuvent remplacer

le vin, et dont les convalescents pourraient faire
un usage journalier.

En admettant que le sous-officier, les trois
ouvriers permanents et les vingt convalescents
consommassent par jour deux rations de vin,
cela donnerait un total de 4,380 litres consommés pendant un an.

A certaines époques de l'année, *la moisson,
par exemple*, il faudrait employer pour l'exploitation de la ferme quelques cavaliers valides.
Ces hommes recevraient pour prix de leur travail deux rations de vin par jour, ce qui por-
terait à cinquante hectolitres environ la consommation annuelle des convalescents travailleurs et employés.

Les cinquante hectolitres non consommés
seraient mis en réserve pour les années stériles
ou peu abondantes.

Dans chaque escadron, on achète souvent
fort cher des légumes pour l'ordinaire ; la ferme
pourrait facilement fournir à un prix moins
élevé et en plus grande quantité les légumes
nécessaires aux ordinaires du régiment. Le
produit résultant de cette vente ou de la récolte

des grains, *car on cultiverait plusieurs hectares
en céréales*, servirait, partie a rembourser le prix
d'acquisition du terrain et de construction de la
ferme, et partie à couvrir les dépenses faites
pour achats et réparations d'instruments ara-
toires. Il serait loisible de donner chaque année
une prime au sous-officier et aux travailleurs
permanents.

Les régiments de cavalerie pourraient facilement envoyer à la ferme, *sans nuire au service*,
trois ou quatre forts chevaux destinés à faire
les labours et les charrois.

L'État ou la ville de garnison fournirait les
fonds nécessaires à l'achat des terres et à la
construction des bâtiments de la ferme, dont la
dépense serait peu élevée, et des soldats ouvriers pourraient être employés à exécuter
une grande partie des travaux d'art et de ter-
rassement.

Avec une bonne administration, on arriverait
certainement à rembourser en vingt-cinq ou
trente ans, au plus, toutes les sommes dépen-
sées pour ces utiles établissements.

En Algérie, lors des premières années de la
conquête, on donna à chaque régiment, ou

fraction de corps, un terrain stérile qui, transformé par les militaires en jardin potager, produisit bientôt assez de légumes pour leur consommation journalière.

Quelques régiments avaient même construit des fermes et défriché les terrains environnants. Les bras ne manquaient pas, les soldats, prenaient plaisir aux travaux de la campagne et faisaient prospérer ces établissements.

Quelques colons, voyant avec peine qu'ils ne pouvaient plus exploiter les militaires en leur vendant fort cher de médiocres légumes, firent de nombreuses réclamations, tendant à enlever à nos braves soldats les terrains qu'ils avaient péniblement défrichés. Enfin, en 1848, je crois, les régiments reçurent l'ordre d'abandonner la culture de leurs jardins et de vendre leurs fermes, qui devinrent alors pour un prix très-minime la propriété des colons.

L'État, possédant encore d'immenses terrains en Algérie, pourrait en céder quelques centaines d'hectares aux régiments qui s'y trouvent en permanence ou détachés.

Les corps seraient autorisés à cultiver ces

terres et à construire des fermes destinées à recevoir les militaires souffrants, qui, faute d'avoir des parents aisés ou des ressources pécuniaires, ne peuvent aller en convalescence que dans un dépôt de ces établissements situés en France.

Au bout de quelques années, les dépenses occasionnées par la construction des fermes seraient largement couvertes par la vente des produits qu'un sol vierge fournirait en abondance.

Dans chacun de ces établissements on planterait la vigne, dont la culture est appelée à devenir un jour pour l'Algérie une source de richesse.

Dans la province d'Alger, Médéah possède des vignobles étendus ; dans celle d'Oran, Mascara produit un vin doré très-estimé. Des plantations de vigne ont parfaitement réussi dans les environs de Constantine et de plusieurs villes de cette fertile province.

Si Sa Majesté Napoléon III daignait, *dans sa haute sollicitude pour l'armée*, accorder des concessions de terre aux régiments qui sont en Algérie, des vignes serpenteraient bientôt

sur les collines, des vallons seraient défrichés,
et de charmantes maisons de campagne offri-
raient aux militaires, épuisés par les fatigues
des expéditions ou les travaux des routes, un
séjour agréable, un exercice salutaire et l'air
pur et bienfaisant de la campagne.

CHAPITRE XXIV.

RÉSUMÉ.

Dans la cavalerie, on devrait s'attacher à inspirer au cavalier l'*amour du cheval*, et pour cela mettre en jeu deux puissants mobiles qui ont une grande influence sur les hommes : le *plaisir* et *une juste récompense*.

Simplifier l'équipement du cavalier et supprimer, en entrant en campagne, tous les effets qui ne lui sont pas strictement indispensables, allégerait le poids que porte le cheval et augmenterait sa vitesse.

Chercher à rendre plus abondante la nourriture du cavalier sans en augmenter la dépense est un problème que les fermes régimentaires sont appelées à résoudre, tout en procurant aux militaires souffrants, les bienfaits d'une convalescence.

L'hygiène que je propose, et qui est rationnelle pour le cheval de troupe, est également applicable *au cheval de chasse* ou à toute autre monture sur laquelle on veut compter pour faire de longues courses ou résister à la fatigue.

Rien n'est plus facile et moins coûteux que de procurer au cheval les bienfaits du grand air et d'un exercice salutaire ; c'est du reste ce que font les cavaliers arabes et les amateurs éclairés de l'art hippique, qui préfèrent à l'embonpoint du cheval, la rusticité, la vigueur et l'entraînement.

EXTRAIT DU CATALOGUE :

Aure (le vicomte d'), écuyer en chef de l'école impériale de cavalerie.
—Cours d'équitation adopté officiellement et enseigné à l'école de cavalerie et dans les corps de troupes à cheval, par décision de M. le
ministre de la guerre, en date du 9 avril 1852. 1853, 1 vol. in-8. 5 fr.
Le même ouvrage, 1854, 1 vol. in-18 relié en toile.   3 fr.

Auzoux (le docteur), chevalier de la Légion d'honneur.—Leçons élé-
mentaires d'anatomie et de physiologie humaine et comparée au point
de vue de l'hygiène et de la production agricole, 2ᵉ édition. Paris,
1858. 1 vol. in-8, avec gravures dans le texte et 6 planches sé-
parées.   6 fr.

Baucher (F.), professeur d'équitation. — OEuvres complètes : —
Méthode d'équitation basée sur de nouveaux principes.—Passe-temps
équestres.—Dialogues sur l'équitation.—Dictionnaire raisonné d'équitation.—Réponse à la critique. Paris, 1854. 1 vol. grand in-8. 20 fr.

Carbuccia (J.-L.), général. — Du dromadaire comme bête de somme
et comme animal de guerre.—Notice sur le régiment des dromadaires
à l'armée d'Orient (1798-1801); avec pièces justificatives, par M. Jo-
mart, membre de l'Institut. Paris, 1853, 1 vol. grand in-8.   4 fr.

Cardini (F.), lieutenant-colonel en retraite, ancien chef de la Légion
de gendarmerie d'Afrique, officier de la Légion d'honneur, etc. —
Dictionnaire d'hippiatrique et d'équitation, ouvrage où se trouvent
réunies toutes les connaissances hippiques, 2ᵉ édition, revue, corrigée
et considérablement augmentée, ornée de 70 figures. Paris, 1848,
2 vol. grand in-8.   15 fr.

Chabannes.—Cours élémentaire et analytique d'équitation, ou résumé des principes de M. d'Auvergne, suivi d'un essai sur les haras.
Paris, 1827, in-8.   3 fr.

Cogent, capitaine, directeur de l'arçonnerie à l'école impériale de
cavalerie, etc. — Manuel du harnachement, à l'usage des troupes à
cheval. Paris, 1857, in-8 de 176 pages et 40 planches.   3 fr.

Cordier, officier. — Traité raisonné d'équitation, en harmonie avec l'ordonnance de cavalerie, d'après les principes mis en pratique à l'école de cavalerie. Paris, 1824, 1 vol. in-8, avec 3 planches.   6 fr.

Curnieu (le baron de).—De l'équitation, traduit en français de Xénophon (avec le texte en regard et des notes). Paris, 1840, 1 vol. in-8.   5 fr.

—Notions sur le dressage des jeunes chevaux au trait et à la selle. 1848, brochure in-8.   1 fr.

—Observations d'un éleveur sur la brochure, *Des remontes de l'armée, leur rapport avec les haras*, par le général Oudinot. Paris, 1842, broch. in-8.   2 fr.

—Observations d'un éleveur sur la mesure nouvellement adoptée par le ministre de la guerre d'entretenir des étalons dans les dépôts de remonte de cavalerie. Paris, 1844, broch. in-8.   75 c.

— Leçons de Science hippique générale ou Traité complet de l'art de connaître, de gouverner et d'élever le cheval. *Ouvrage complet*, 3 vol. grand in-8° avec un grand nombre de gravures. 1855-1860.   36 fr

Dandel lieutenant au régiment de chasseurs de la garde impériale.— Méthode d'équitation et de dressage basée sur la mécanique animale, contenant : 1° précis de l'équitation depuis Xénophon jusqu'à nos jours; 2° étude mécanique du cheval; 3° équitation proprement dite, ou école du cavalier, d'après une nouvelle méthode; 4° instruction du cheval, débourrage et dressage; 5° équitation d'agrément, haute école, fariboles d'équitation, équitation de course, équitation de dames, suivie du dressage des chevaux de remonte. Paris, 1857, 1 vol. in-8, avec 11 planches.   7 fr. 50

Gerhard, capitaine-instructeur des lanciers de la garde impériale. — Manuel d'équitation ou essai d'une progression pour servir au dressage prompt et complet des chevaux de selle et particulièrement des chevaux d'armes, précédé d'une analyse raisonnée du bauchérisme. Orné de 12 planches par V. Adam. Paris, 1859, 1 vol. in-8.   6 fr.

Guérin (A.), capitaine-écuyer à l'école de cavalerie.—École du cavalier au manége, basée sur les principes de l'ordonnance de cavalerie, à l'usage des instructeurs. Paris, 1852, 1 vol. in-8.   5 fr.

— Dressage du cheval de guerre, suivi du dressage des chevaux rétifs. In-8, 1860.   2 fr.

Hunersdorf (Louis), écuyer de S. A. R. le prince de Hesse. — Equitation allemande, méthode la plus simple et la plus naturelle pour dresser le cheval d'officier et d'amateur; suivie d'un supplément pour l'instruction du cheval de troupe et de son cavalier; traduite sur la 6e édition (1840), par Armand de Brochowski, capitaine, commandant d'escadron au 1er lanciers belges. Bruxelles, 1843. 8 fr.

Jacquemin. — Cours d'hippiatrique, à l'usage des officiers et sous-officiers de cavalerie ; comprenant un précis anatomique du cheval, un résumé d'extérieur, une notice sur l'hygiène et des notions de thérapeutique vétérinaire ; 4ᵉ édition. Paris, 1850, 1 vol. in-32, avec 8 planches. 2 fr. 50

Laborde (E.), vétérinaire en premier au 12ᵉ régiment d'artillerie. — Abrégé d'hippologie ou précis sur la connaissance du cheval et sur les moyens de le conserver en santé ; 2ᵉ édition, corrigée et augmentée avec 6 planches explicatives. 2 fr. 50

Manuel de maréchalerie, rédigé par le conseil d'instruction de l'école de cavalerie, et approuvé par décision de M. le ministre de la guerre, en date du 31 octobre 1849, pour l'usage des élèves maréchaux de l'école de cavalerie. Paris, 1856, 1 vol. in-18. 1 fr. 25

Marie-Isabelle (Mᵐᵉ). — Dressage par le surfaix cavalier des chevaux de cavalerie, d'attelage et de course en six et douze leçons ; orné de huit dessins anglais, nouvelle méthode. 1 vol. in-8, 1858. 10 fr.

Montarby (T. de), capitaine-inspecteur. — Mémoire sur l'instruction de la cavalerie, progrès dont elle est susceptible. Paris, 1853, broch. in-8. 1 fr. 50

Montigny (le vicomte de). — Équitation des dames ou guide de l'élève écuyer, dédié à madame la vicomtesse Drouyn de Lhuys. Paris, 1852, 1 vol. in-8 avec planches. 5 fr.

Morris (le général). — Essai sur l'extérieur du cheval. 2ᵉ édition. Paris, 1857, 1 vol. in-8, avec 3 planches lithographiées. 3 fr.

Mussot, lieutenant-colonel. — Manuel d'hippiatrique, d'équitation et d'hygiène à l'usage de tous, ou l'étude de la connaissance intérieure et extérieure du cheval, de son instruction et de son emploi, de la conservation en l'état de santé, de la reproduction de son élevage et de son emplacement. Ouvrage *particulièrement utile* aux officiers de troupes à cheval, aux chefs, agents ou employés des grandes administrations et exploitations publiques ou privées, qui emploient ou produisent des chevaux. Paris, 1856, 2 vol. in-8, avec 16 pl. 15 fr.

Raabe (C.), capitaine commandant au 6ᵉ dragons. — Examen du cours d'équitation de M. d'Aure, écuyer en chef de l'école de cavalerie. Saumur, 1852, 1 vol. grand in-8 (1854). 10 fr.

— Examen du bauchérisme réduit à sa plus simple expression, ou l'art de dresser les chevaux d'attelage, de dames, de promenade, de chasse, de course, d'escadron, de cirque, de tournoi, de carrousel, programme des cours d'équitation civile et militaire professés à Bruxelles, Malines, Coblentz, Prague, Vienne, Breslau, Naples, etc., suivi de notes militaires, etc., etc., etc., de M. Rul, broch. grand in-18 (1857). 4 fr.

— Examen du Traité de locomotion du cheval relatif à l'équitation, de M. G. Daudel, lieutenant au 4ᵉ chasseurs d'Afrique. Saumur, 1854, brochure in-8 (1856). 5 fr.

—Locomotion du cheval. Examen des allures selon M. H. Bouley, professeur de clinique à l'École impériale vétérinaire d'Alfort, etc. Extrait du *Nouveau dictionnaire pratique de médecine, de chirurgie et d'hygiène vétérinaires*, publié par MM. H. Bouley et Reynal. Paris (1837), in-4 de 63 pages. 4 fr.

Raabe et **Lunel**, lieutenant au 4e escadron du train des équipages. —Hippo-lasso, appareil compressif servant à maîtriser le cheval, le mulet, etc., et généralement les grands quadrupèdes domestiques difficiles à manier, par suite de leur caractère méchant, rétif ou sauvage. 1 vol. in-4° de colombier avec planches, 1859. 4 fr.

Recueil de mémoires et observations sur l'hygiène et la médecine vétérinaires militaires, rédigé sous la surveillance de la commission d'hygiène hippique, publié par ordre du ministre secrétaire d'Etat au département de la guerre. Paris, 1847 à 1858, tomes I à IX in-8 avec gravures (le 10e vol. est sous presse).

Rul.—Le Bauchérisme réduit à sa plus simple expression, ou l'art de dresser les chevaux d'attelage, de dames, de promenade, de chasse, de course, d'escadron, de cirque, de tournoi, de carrousel, programme des cours d'équitation civile et militaire professé à Bruxelles, Malines. Coblentz, Prague, Vienne, Breslau, Naples (Organisation, instruction de l'armée, académie militaire). 1 vol. in-8 avec planches représentant le travail de Buridan, Capitaine, Partisan (1857). 4 fr.

Saint-Ange (de), écuyer chargé de la direction du haras d'études de l'école de cavalerie.—Cours d'hippologie contenant : 1° la connaissance du cheval ; 2° l'hygiène ; 3° l'industrie chevaline, suivi d'un appendice sur la position du cavalier à cheval démontrée par l'anatomie. 2e édition, 1854, 2 vol. in-8. 10 fr.

— Abrégé du Cours d'hippologie à l'usage des sous-officiers de cavalerie, contenant : 1° la connaissance du cheval; 2° l'hygiène ; 3° l'industrie chevaline; suivi d'un appendice sur la position du cavalier, démontrée par l'anatomie. 5e édition, revue et corrigée, 1860, 1 vol. in-32. 2 fr.

Adoptés officiellement et enseignés à l'école de cavalerie et dans les corps de troupes à cheval, par décision de M. le ministre de la guerre, en date du 9 avril 1852.

Vogély.—Flore fourragère, ou traité complet des aliments du cheval, à l'usage de MM. les officiers de troupes à cheval et de toutes les personnes qui s'occupent de l'éducation, du soin et du gouvernement de cet animal et des autres grands herbivores domestiques. Paris, 1836, 1 vol. in-8 avec un tableau. 6 fr.

Imprimerie de Cosse et J. Dumaine, rue Christine, 2.